KB210451

권력

맘몬

…

한국교회

권력과 맘몬에 물든 한국교회

한국교회 보수화, 무엇이 문제인가?

Nehemiah

이 책은 기독연구원 느헤미야에서 〈쿼바디스에 신학이 답하다〉라는
주제로 개최한 제4차 연중 포럼을 정리한 것입니다.

05 권력과 맘몬에 물든 한국교회
-한국교회 보수화, 무엇이 문제인가?

지은이　　김근주 배덕만 변상욱 김형원
초판발행　2016년 2월 22일

펴낸이　　　배용하
책임편집　　박민서
등록　　　　제364-2008-000013호
펴낸 곳　　　도서출판 대장간
　　　　　　　www.daejanggan.org
등록한 곳　대전광역시 동구 우암로 75-21 (삼성동)
편집부　　　전화 (042) 673-7424
영업부　　　전화 (042) 673-7424　전송 (042) 623-1424

분류　　　　신학 | 윤리 | 한국교회
ISBN　　　978-89-7071-370-0　부가번호 03230
가격　　　　7,000원

머리글

암울하던 2015년은 더더욱 막막한 2016년으로 이어진다. 졸속을 넘어 국민을 홀대하고 함부로 대하는 이 나라 정부의 위안부 협상에 이어, 엄연히 중앙 정부가 공약하고 책임져야 할 누리 과정을 일선 교육청에 떠넘겨 대란을 일으키고 있는 지금의 상황에 이르기까지, 대체 이 나라에 정부라는 것이 존재하고 있는지 의심스러운 현실이 계속된다. 국민이 뽑은 권력인데 왜 이렇게도 권력이 국민 위에 군림하는지, 제대로 자신의 생각조차 표현하지 못하는 대통령에게 왜 이렇게도 온 국민이 고통을 당해야 하는지 알 길이 없다.

할 말이 없는 것은, 지난 한 해 우리네 교회 집단도 조금도 낫지 않은 모습을 지속했기 때문이다. 작년 한 해에도 우리네 대형 교회들은 별별 핑계들을 대면서 기어이 교회를 자기 자식에게 물려 주었고 조금도 부끄러움 없이 하나님을 찬양하고 예수 그리스도의 십자가를 운운한다. 추하기 짝이 없는 교회가 먹잇감으로 낚아 챈 것은 동성애와 이슬람이었다. 마치 이것 때문에 나라가 망하고 세상이 망하기라도 할 것처럼, 동성애를 공격하고 이슬람을 비난하며 목숨 걸다시피 난리법석을 부렸다.

정말 교회를 망하게 하는 것은 동성애나 다른 민족의 다른 종교가 아니라, 교회가 하나님을 떠나 정의를 행치 않고 불의를 행한 것임을 성경이 명백히 증거함에도, 우리네 교회는 동성애와 이슬람을 주구장창 물고 늘어졌다. 그야말로 추태와 본말 전도의 극치이다.

　　이러한 끔찍한 현실의 이면에 단단히 자리하고 있는 것이 우리네 교회의 '보수적' 경향이다. 우리네 교회의 다수는 신학적으로도 보수적일뿐 아니라 정치경제적으로도 매우 보수적이다. 왜 우리네 교회 가운데 다수는 이승만을 지금까지도 국부 운운하며 떠받들까? 왜 우리네 교회는 박정희의 군사 쿠데타를 그렇게 지지하고 전두환의 군화발 집권을 그렇게 축복했을까? 정교분리를 부르짖던 우리네 교회는 왜 김대중-노무현 정부 시절에는 그렇게 게거품을 물다가 이명박-박근혜 시절에는 꿀 먹은 벙어리이거나 청와대를 축복하지 못해 안달인 것일까? 우리 교회가 그렇게 자랑스럽게 이야기하는 '정통보수'는 대체 무엇을 의미하는 것일까? 교회는 무엇을 보수하는 곳인가? 교회가 정말 지켜야 하는 가치는 무엇일까?

　　기독연구원 느헤미야는 김재환 감독의 영화 「쿼바디스」 2014에서 제기된 문제에 나름대로 응답하고자 작년 한 해 동안 "쿼바디스에 답하다"는 제목으로 네 번의 포럼을 진행하였다. "목사란 무엇인가?", "한국교회 설교 무엇이 문제인가?", "성전과 예배당"에 이어 지난 해 12월 7일 네 번째 포럼으로 "한국 교회 보수화"를 다루었다. 이 책에 실린 네 편의 글들은 네 번째 포럼에서 발표되었던 것들이며, 우리네 교회의 보수화 경향에 대한 필자들 나름의 진단과 분석을 담고 있다. 우리네 보수화된 현실이 적절히 분석되고, 그러한 보수화의 원인들이 잘 다루어졌으며, 그 가운데 어떻게 앞으로 나아가야 할 지 어느 정도 제시되었기를 바라지만, 그 판단은 전적으로 독자들의 몫일 것이다.

다만 우리는 이 작업이 우리 현실을 그대로 드러내었기를 소망한다. 현실의 참담한 모습이 제대로 드러나게 될 때, 그 다음 우리가 어떻게 걸어가야 하는지 모색해볼 수 있기 때문이다. 우리는 이 작업이 우리네 교회가 얼마나 무너졌고 붕괴되고 있는지 드러낼 수 있기를 소망한다. 나아가, 우리는 이 작업이 우리네 교회의 현실을 무너뜨릴 수 있기를 기대하기도 한다. 제대로 무너지고 제대로 파괴된 이후에라야, 새로운 희망과 새로운 미래를 세워 나갈 수 있기 때문이다.

2016년 1월 기독연구원 느헤미야

차례

1장

경험과 신학에서 비롯된 한국 교회의 보수성

김근주

기독연구원 느헤미야 전임위원

경험과 신학에서 비롯된 한국 교회의 보수성 김근주

이 글에서 다루는 "한국 교회"는 기본적으로 개신교 교회를 가리킨다. 개개의 교회나 교단에 있어서 정도의 차이는 있지만, 전반적으로 한국 교회가 보수적이라는 데에는 대체로 이의가 없을 것이다. 신학적, 신앙적으로 보수적일 뿐 아니라, 정치적 사회경제적 시각에 있어서도 보수적이다. 가령, 한국 교회는 박정희가 일으킨 5·16 쿠데타 지지를 비롯해 언제나 독재 정권의 지지 세력이었으며 마치 1970년대를 연상시키는 비인간적이고 비민주적인 조치들이 난무하는 오늘날 박근혜 정권에서도 가장 든든한 우군으로 남아 있다. 우리네 교회의 이러한 보수성은 어떻게 이해될 수 있을까? 이 글은 현실의 경험에서 비롯된 보수성과 신학적 보수성 두 가지로 나누어 이 문제를 다루어보려고 한다.

1. 경험에서 비롯된 보수성

1) 민족, 반공, 그리고 기독교

한반도에 복음이 전해진 구한말은 외세의 영향과 압력으로 인해 나라 자체의 존망이 흔들리던 시기였고, 복음이 활발하게 확산되던 시기는 아예 나라 자체가 일본에 합병되어 버렸던 시기였다. 그러므로 예수 그리스도를 구주로 고백하는 기독교 신앙은 나라가 처한 참담한 상황이라는 현실과 결부될 수밖에 없었다. 이 시기 기독교가 '민족'이라는 중요한 가치를 발견하고 민족의 아픔과 슬픔, 눈물, 고통과 괴로움에 대해 반응하게 된 것은 거의 필연이라고 할 수 있다. 십자가를 지신 예수 그리스도의 복음은 나라 잃고 어찌할 바 모르는 조선의 산하 곳곳의 슬퍼하는 백성들에게 위로와 희망의 복음이었으며 참담한 현실을 견디게 하는 힘이 되었을 것이다.

아울러 기독교 신앙이 주로 미국을 비롯한 서양 선교사들을 통해 전해졌다는 점에서 일본에 눌리고 위협당하는 조선 사람들에게 기독교 신앙은 서양의 힘이나 문명과 거의 동의어였을 것이다. 기독교 신앙은 괴로운 현실을 견뎌내게 하는 힘이면서 서양으로 상징되는 문명을 통해 현실을 이겨내고 극복할 수 있는 힘이 되기도 하였을 것이다. 복음이 가장 활발하게 전해지던 평안도를 중심으로 여러 형태의 계몽 운동과 독립 운동이 일어난 것도 이 때문일 것이다. 그러니 평양은 "동방의 예루살렘"이면서 민족 운동의 중심지일 수밖에 없었다. 한국의 기독교는 그 처음부터 '민족'과 단단히 결합되었다. 조국의 독립과 하나님을 믿는 신앙은 마치 원래 하나였던 것처럼 결합되었다.

복음이 민족과 결합될 수밖에 없는 또 다른 이유는 일본이 조선에 요구한 신사참배였다. 한국 천주교가 조상 제사 문제로 인해 수많은 순교자를 낳기도 했지만, 하나님 아닌 다른 어떤 것에 일정한 형식을 갖추어 참배한다는 것은 언제나 기독교 신앙의 가장 근본적인 부분을 뒤흔드는 것이었다. 일본 제국주의가 조선을 점령했을 뿐 아니라 조선의 신앙까지도 신사참배를 통하여 짓밟으려고 했다는 점에서 일본을 반대하는 것은 하나님만을 믿고 섬기는 것과 동의어가 되었다. 실제 교회 현실에서 끝까지 신사참배를 거부하여 순교당하고 교회가 풍비박산이 되어 버린 경우보다 일제에 굴복하여 신사참배한 교회가 훨씬 더 많았지만, 신사참배 문제는 한국 기독교의 내용을 결정하는 매우 중요한 계기가 되었다. 예수를 믿는다는 것은 겉으로 드러나는 어떤 단호하고도 강력한 형식을 행하는 것으로 구체화되어 버렸다. 아무리 경제적으로 어려워도 십일조를 해야 한다는 것, 직장에서 어떤 요구가 있더라도 주일은 지켜야 한다는 것 같은 사항 역시 신사참배로 대표되는 외적 실천의 강조와 같은 맥락이라고 할 수 있다.

한국의 기독교를 특징짓는 또 다른 중요한 경험은 공산주의와의 대결이었다. 일본과 외세에 짓눌리던 조선의 민중들을 향해 새로운 세상, 새로운 삶을 이야기한 핵심적인 세력이 기독교와 공산주의였고 이 둘은 꽤 긴 세월 동안 조선의 민중을 서로 얻기 위해 각축했다. 기독교인들의 공산주의에 대한 이해의 부족과 공산주의자들의 기독교에 대한 이해의 부족 탓으로 인해 갈등이 컸지만 근본적으로 기독교와 사회주의는 대척점에 있지 않다고 할 수 있다. 실제로 기독교와 사회주의 사상을 동시에 받아들인 이들도 많았던 것으로 여겨진다. 그럼에도 현실 세계에서 기독교와 공산주의는 곳곳에서 충돌하였다. 기독교와 공산주의가 결정적으로 공존할 수 없게 된 것은 해방 직후 북한 지역에 소련이 진주하게 되면서부터라고 할 수 있다. 기독교 신앙과 민족주의 운동이 그토록 활발하던 평안도 지역은 바야흐로 공산주의가 득세하는 곳이 되었으며, 소련과 김일성에 의해 단행된 전면적인 토지 개혁은 땅을 가진 지주들로 이루어진 북한 지역 교회의 존립 기반 자체를 흔들어 버렸다.[1]

---

1) 윤정란, 『한국 전쟁과 기독교』 (한울, 2015), 62-63.

경험과 신학에서 비롯된 한국 교회의 보수성 _ 김근주   17

윤정란의 최근 연구 『한국 전쟁과 기독교』한울, 2015는 이 시기 북한의 서북 지역 출신 기독교인들이 대거 월남하였고 이러한 서북 출신 기독교인이 이후 한국 기독교의 핵심이었으며 나아가 5·16 쿠데타 이후 권력의 핵심이 되었음을 잘 보여준다. 그에 따르면 교회와 국가의 중심이 될 수 있었던 이들 서북 출신 기독교인의 기반은 서양 문물이 활발히 전래되던 서북 지역의 특성과 연결된 미국과의 인맥, 그리고 민족주의와 강력한 반공 사상이었다. 이들에게 "유물론"唯物論에 기반한 공산주의는 하나님을 섬기는 기독교와 결코 공존할 수 없는 사상이었고, 여기에서 공산당을 마귀 혹은 요한계시록의 "붉은 용"에 비유하고 마귀와 싸우듯이 공산당을 섬멸해야 한다는 "전투적인 반공주의"도 비롯된다. 나아가, 윤정란은 한국 전쟁 이후 북한의 경제 발전이 가져다 준 충격으로 인해 서북 출신을 중심으로 한 기독교인들이 북한과의 체제 경쟁에서 이겨야 한다는 "승공"勝共 논리를 확립하였다는 점도 지적한다.[2] 승공을 위한 필수가 경제 성장이었으며, 이를 위해 4·19를 지지했던 교회는 5·16도 지지했다는 것이다. 이러한 논리는 광주에서 수 천 명의 삶을 짓밟은 전두환 쿠데타 세력이든, 이명박, 박근혜에 이르기까지, 사회를 안정시키고 경제를 성장케 한다면 그 어떤 정권이라도 교회의 든든한 지지를 받을 수 있게 하였다. 누구보다도 '가치'가 가장 소중하던 교회 공동체가 그 모든 가치 위에 오직 '경제 성장을 통한 승공'이라는 가치를 둔 셈이 된 것이다.

이러한 논리에서 세상 사람도 깜짝 놀랄 규모의 대형 교회는 교회가 이룬 대단한 업적이며 공산주의를 넘어 교회가 승리했음을 보여주는 상징이기도 할 것이다. 그러므로 세상에서 대단한 성취를 이룬 개인과 대형 교회에 대한 선망은 반공과 승공을 신앙의 본질처럼 이야기하는 교회의 필연일 수 있다.

아울러, 여기에 한 가지 더 언급할 것은 한국 전쟁을 거치면서 한국 기독교 안

---

2) 같은 책, 260-263

에는 하나님께서 대한민국을 선택하셨다는 '선민' 의식이 생겨나 확산되었다는 점이다.[3] 이러한 선민의식은 남한이 싸워야 할 가장 근본적인 대적으로 북한 공산 정권을 상정하고, 반공 전선에 교회가 십자가 군기를 들고 가장 앞장서는 양상으로 나타났다. 구약 곳곳에, 그리고 신약의 요한계시록에 가득한 전쟁 이미지는 이러한 십자군의 반공 싸움에 가장 적절한 이미지를 제공했다.

결론적으로, 구한말과 일제 시대, 미소 양국의 대치로 인한 남북 분단의 상황이라는 경험이 한국 교회의 성격을 규정했다. 신사참배로 대표되는 신앙의 외적 표지를 순교적으로 지켜나가는 것, 그리고 반공과 경제 성장 추구의 결합, 이 두 가지가 한국 교회를 이루는 근본이 되었고, 이를 견지하는 교회는 필연적으로 '보수적'일 수밖에 없으며 엄청나고 압도적인 물량주의로 나아갈 수밖에 없었다고 여겨진다.

2) 제2성전기의 경험과 유대교[4]

주전 587년 예루살렘이 함락되고 나라가 사라진 채 많은 유대인들이 디아스포라로 살아가기 시작한 이래, 유대인들의 가장 당면한 문제는 그들의 정체성이었을 것이다. 디아스포라들에게 있어서 유대인의 의미는 유대교 신앙이 요구하는 특징적인 생활 방식을 따르는 것이며, 그러한 생활 방식은 기본적으로 외적인 표지를 통해 드러난다. 율법이 요구하는 올바른 삶의 내용이라는 것은 외적으로 분간하기 쉽지 않아서 이방 땅을 살고 있는 유대인과 이방인을 구별짓기 어려웠을 것이되 외적인 표지들은 그에 비해 우리가 누구인가를 또렷이 보여주는 기준이 될 수 있다. 성전이 있었다면 성전에서 드리는 제사가 가장 중요한 기준일 수 있겠지만 성전이 존재하지 않는 이들에게 유대교 신앙을 증거하는 가장 핵심적인 외적 표지들로는 음식 규례

---

3) 같은 책, 267-268

4) 이 단락의 내용은 성서한국 엮음, 『공동체, 성경에서 만나고 세상에서 살다』(대장간, 2015)에 실린 필자의 글 "제2성전기와 유대교의 대응"에서 필요한 부분을 발췌한 것이다

로 대표되는 정결 규례, 이방인과의 결혼을 금지하기 위해 중요한 할례, 그리고 안식일로 대표되는 절기 준수를 들 수 있다.[5]

이러한 외적인 표지를 목숨을 걸고 지켜야 하는 강력한 것으로 만들어 버린 것은 주전 2세기 중반 안티오커스 에피파네스의 박해를 둘러싼 급격한 변화였다. 이 시기에 헬레니즘을 급진적이고도 전면적으로 수용하려는 세력들이 예루살렘 성전 권력을 쥐게 되고 하루 아침에 급격한 변화를 시도하자 당연히 큰 반발을 초래하게 되었다. 이로 인한 예루살렘 내부의 혼란과 소요 사태는 애굽 원정을 실패하고 돌아선 안티오커스 에피파네스를 격노하게 하였고 그는 무자비하게 유대 신앙을 탄압하고 짓밟았다. 유대 신앙을 제거하기 위해 '이교도들의 관습을 따를 것, 성전 제사 폐지, 안식일과 기타 절기 준수 금지, 돼지를 비롯한 부정한 짐승을 제물로 바칠 것, 할례 금지'등이 선포되었으며 번제단 위에는 '멸망의 가증스러운 것'이 세워졌다. 마카베오1서 1:41-55 율법서를 소지한 사람이나 할례를 행하는 이는 즉시로 죽임을 당하였고 돼지고기 먹기를 거부한 이들도 바로 죽임당하였다. "생활 양식을 그리스식으로 바꾸지 않는 유다인들은 모조리" 죽임 당하였다. 마카베오2서 6:9 바야흐로 '생활 양식' 혹은 '관습'이 죽고 사는 문제가 되었고 유대교적 관습을 지키는 것이 삶과 죽음을 결정하게 되었다.

이러한 박해 시기에 이르러 누군가가 유대교 신앙을 가졌다는 것, 누군가가 여호와를 그 하나님으로 믿는다는 것은 안식일을 지키고 할례를 행하며 돼지 고기와 같은 부정한 음식으로 자신을 더럽히지 않는 것을 의미했다. 안티오커스 역시 이 점으로 유대 신앙을 판정했고 유대인들 역시 이러한 금지를 사소한 것으로 여기지 않고 강력히 저항하며 죽임 당하거나 광야와 산으로 피신했다. 이 시기에 이르러 여호

---

5) J.M.G. Barclay. *Jews in the Mediterranean Diaspora: From Alexander to Trajan (323 BCE-117 CE)*. University of California Press, 1999, 429

와 신앙은 외적 표지로 대표되는 생활 방식, 관습으로 첨예화되었다. 이전까지의 유대교는 헬레니즘에 대해 일정하게 반응을 하면서 상호작용을 주고받고 있었으나 2세기 중반의 무자비하고 야만적인 박해는 유대교 신앙의 틀을 확고하게 외적 표지 준수 체계로 만들어 버렸고, 이것은 주후 1세기 로마가 파견한 유대 총독들의 어리석은 탄압 정책으로 더욱 가속화되어 버렸다. 결국 주전 2세기부터 주후 1세기까지 유대교 경건은 외적 표지를 목숨 걸고 지키는 "열심"이라는 말로 대표할 수 있을 것이다.[6] 바울의 다음과 같은 표현은 이와 연관될 것이다.

> "내가 증언하노니 그들이 하나님께 열심이 있으나 올바른 지식을 따른 것이 아니니라 하나님의 의를 모르고 자기 의를 세우려고 힘써 하나님의 의에 복종하지 아니하였느니라"(롬10:2-3)

하나님의 법을 소중히 여겨 목숨을 걸고 지켰지만 이제는 하나님도 뒷전으로 되어 버리고 종교적인 표지가 전부가 되어 버렸으며 이를 위해서라면 목숨까지도 얼마든지 바칠 수 있다. 대단한 순교적 열정이 그들을 사로잡는다. 이 점은 오늘의 우리를 돌아보게 한다. 우리 신앙은 열심의 종교이지 않다. 순교적인 투쟁이 전부를 결정짓지 않는다. 훨씬 중요한 것은 올바른 지식, 즉 하나님이 어떤 분인지를 바르게 아는 것이다. 열심으로 밀어부치는 신앙이 아니라 하나님을 바르게 아는 신앙. 그야말로 앎을 지향하는 신앙이라고 할 것이다.

3) 한국 교회의 보수성과 제2성전기 유대교의 변화에 대한 평가

하나님께서 땅과 하늘을 지으시고 그 안에 사람이 살게 하신 이래, 우리는 시간

---

6) 마르틴 헹엘. 박정수 옮김. 『유대교와 헬레니즘 3권』(나남, 2012), 166-167

과 공간이라는 특정한 상황에 영향을 받고 영향을 주며 살아간다. 영원하신 하나님 여호와를 고백하며 믿음으로 살아가는 삶 역시 그 시간과 공간에서 자유로울 수 없다. 신앙을 통해 발견하고 깨달은 영원하고 보편타당한 가치는 구체적인 시간과 공간 안에서 표현되어야 한다. 구체적인 현실과 연결된 가치는 당시의 세상에서 생생한 힘을 지니게 되지만, 그 힘이 클수록 도리어 변화하는 세상에서 금방 시대에 뒤떨어진 것이 되어 버린다. 시대에 뒤떨어진 가치를 그래도 고수하고 견지할 때, 도리어 이전에 그리 생생하던 가치는 어느덧 신앙의 본질적인 의미조차도 퇴색시켜 버리고 고집스레 변화를 거부하며 공동체를 파괴하기 일쑤이다. 그렇기에 "새 술은 새 부대에"라는 표어는 언제나 신앙 공동체를 점검하고 돌아보게 한다. 우리네 근현대사나 제2성전기 유대교의 변화는 이와 연관해 매우 적절한 사례를 제공한다고 여겨진다.

주전 2세기 중반 유대인들의 신앙은 목숨의 위협에도 불구하고 할례를 행하고 돼지고기를 거부하는 것으로 드러났다. 그 시기 야훼를 경외하는 신앙은 이러한 외적 표지를 온 힘 다해 준수하는 것으로 첨예화되었다고 할 수 있다. 이것이 그 어려운 시기 유대교 신앙을 지켜 내는 결정적인 역할을 했겠으나, 그로 인한 부작용도 크다. 이후의 유대교는 이 박해 시기에 형성된 외적 표지를 한결같이 신앙의 가장 중요한 부분으로 고수하였기 때문이다. 외적 표지가 신앙의 본질을 대체해 버리는 순간, 그것은 형식에 치우친 종교로 굳어지게 되고, 도리어 원래의 본질에 해당하는 진리 자체는 질식해 버리고 만다. 그것이 예수께서 그토록 비판하고 책망하시며 폭로하신 바리새파와 제사장들의 모습이라고 할 수 있을 것이다.

오늘날 우리네 신앙의 모습 역시 거의 이와 다르지 않다. 구한말과 일제시대라는 핍박의 상황 그리고 민족 전체의 명운이 경각에 달렸거나 절망에 빠졌던 시절, 교회는 온 힘 다해 하나님의 도우심을 구하며 예배하고 기도하였다. 민족을 도탄에 빠뜨렸던 일본 제국주의가 신사참배를 요구했다는 점은 교회와 민족의 결합을 더욱 공고히 하였다. 신사참배 거부는 일제시대에 기독교 신앙을 고백하는 강력한 표지였으되, 해방 이후에 더 이상 그것이 신앙의 본질일 수는 없음에도 불구하고 교회는 이러한 외적 표지의 준수를 마치 신앙의 본질인 양 고수하였다. 신사참배에 찬동하였던 이들이나 거부하였던 이들이나, 해방 이후 교회는 더더욱 결연하게 주일 성수와 십일조, 새벽 기도의 강조와 주일 저녁 예배 강조 등 외적 표지를 고수하였다. 그 점에서 우리네 교회는 여전히 신사참배 시대의 패러다임을 지금까지도 고수하고 있는 셈이라 할 수 있다.

이 시기로 인한 영향에서 뺄 수 없는 또 한 가지는 민족과 신앙의 결합이다. 구약은 이스라엘이라는 특정한 민족을 대상으로 한 글이다. 그러나 이 땅에 오신 하나님 아들 예수 그리스도로 말미암아 구약의 아브라함은 단지 유대인 아브라함이 아니라 온 세상에 살아가는 하나님 백성을 상징하게 되었다. 그러므로 예수 그리스도를 믿는다는 것은 민족과 나라라는 틀을 근본적으로 넘어서는 것을 의미한다. 세상 가운데 살아가는 그리스도인들은 예수 그리스도의 명령을 따라 그 있는 곳에서 빛이요 소금으로 살아가며, 가난하고 고통 받는 이들의 이웃으로 살아간다. 약한 이웃나라를 짓밟고 약탈하는 제국주의는 근본적으로 하나님의 뜻을 거역하는 것이다. 조선의 기독교는 일본의 제국주의적인 침탈에 맞서 저항하고 반대하고 거부한다. 그것은 악에 대한 저항이며 반대이지, 일본 민족에 대한 조선 민족의 반대라고 볼 수 없을 것이다.

이것은 한국의 기독교를 완전히 사로잡아 버린 반공 문제에도 해당될 것이다. 기독교 신앙은 예수 그리스도가 길이요 진리요 생명이심을 믿는 신앙이라는 점에서, 세상의 어떤 사상이나 이념을 넘어서는 것이다. 기독교 신앙은 자본주의 이념이든 공산주의 이념이든 그 어떤 이념에도 매이거나 구속되지 않고, 그 모든 이념을 넘어서는 것이다. 그러나 북한 지역에서 땅을 지닌 기독교인들과 교회의 공산주의 경험이 공산주의에 대한 그들의 모든 시야를 사로잡아 버렸고, 공산주의는 하나님을 대적하는 바벨론의 상징이 되어 버렸다.

그러나 예수께서 명료하게 증거하셨거니와, 하나님을 대적하는 유일한 것은 오직 "재물"일 따름이다.마 6:24 공산주의이든 자본주의이든, 재물 혹은 돈이 모든 것의 기준이요 근거가 되어 버리는 세상이라면 그것이야말로 사탄이요 마귀일 것이다. 그럼에도 교회는 한 시기의 경험에 근거하여 반공을 기독교 신앙의 본질에 해당하는 부분으로 삼아 버렸다. 그 결과는 참혹했으니, 반공에 동의하기만 한다면 그 어떤 독재 정권이라도 모두 지지해 버렸기 때문이다. 북한을 이기기 위해 경제만 살린다면 유신 헌법 같은 초헌법적인 무도한 조치에 대해서도 교회는 반대하지 않았고 "유물론"을 반대한답시고 참으로 하나님의 대적인 "재물"을 전폭적으로 지지하는 사실상의 "물신 숭배"로 빠져 버렸으니, 그야말로 그리스도를 대적하는 교회가 되어 버렸다.

교회가 지지했던 5·16과 박정희 시대에 이루어진 경제 성장은 교회로 하여금 반공이 틀리지 않았음을 보여준 단적인 사례가 되어 버렸다. 에피파네스 박해에 대한 마카비 혁명의 성공이 유대교로 하여금 로마로부터 그들을 건질 정치적 메시야에 대한 기대를 끝까지 놓치지 못하게 만들어 결국 이 땅에 오신 하나님의 아들을 깨닫지 못하게 한 것만큼이나, 박정희 시대는 우리네 교회를 영영 반공과 경제 성장의 틀에서 벗어나지 못하게 해 버렸다.

우리는 견고한 경제 중심적 세계관속에 살아간다. 이런 틀에서는 오직 돈이 관건이고 먹고 사는 것이 관건이다. 진리를 행하고 진리를 따르면 하나님이 그 필요를 채우신다는 것이 성경의 이야기이지만 교회는 진리보다는 경제를 선택했다. 이 땅에서 지지 않는 것, 이 땅에서 승리하는 것에 모든 초점을 둔 셈이다. 체제 경쟁의 승리가 길이니 결국 이를 지지한 교회는 대형화를 추구할 수밖에 없다. 이겨야 장땡이고 이겨야 할 말이 있는 세상이 되었다. 이것은 결코 복음의 틀이 아니다. 십자가의 종교는 이겨야 설득력있는 신앙이지 않다. 우리는 불교와 종교 경쟁을 하고 있지 않으며 이슬람 국가와 경쟁하고 있지 않다. 우리는 십자가의 길을 따르는 이들이지, 경쟁하는 이들이 아니다. 여기에는 고난 신앙이 설 자리가 없고 부활 신앙도 사실상 불필요하다. 현세에서의 승리가 모든 관건이기 때문이다. 결국 기독교는 완벽하게 체제 내화 해버렸다. 또 다른 의미에서 철저하게 이 땅에 승부를 건 집단이 되었다. 민주주의보다도, 자유와 정의보다도 더 중요한 가치는 친미반공이 되었다. 경험에서 만들어진 원칙이 기독교의 본질이 되어 버렸다. 완전히 본말이 전도되어 버린 것이다. 반공 패러다임은 아직도 유효하여 여전히 어지간한 민주주의 논쟁이 모두 '종북 좌파'라는 규정에 모두 묻혀 버린다. 그리고 교회는 그에서 아직 한 치도 벗어나지 못하고 있다. 그야말로 교회는 반공 패러다임에 갇혀 복음의 본질을 잃어 버렸다.

흔히 나라가 없으면 교회도 없다는 식의 말을 한다. 아모스가 북왕국의 멸망과 여로보암 왕이 칼맞아 죽으리라 선포했을 때, 왕실 성소였던 벧엘 제사장 아마샤는 아모스를 추방한다 암 7:10-13. 아마샤는 "왕의 성소요 나라의 궁궐"인 벧엘에서는 예언하지 말라 요구한다. 아마샤에게 성소와 나라는 하나이다. 성소와 왕은 하나이다. 그러니 왕을 쳐서 예언하는 것을 용납될 수 없는 일이었다. 아마샤의 생각은 오늘날 전혀 낯설지 않다. 이제껏 우리네 교회가 독재 권력을 비판하는 이들에게 한결같이 했던 말과 아무런 차이가 없기 때문이다. 그에 대해 아모스는 단호하게 말한다.

"여호와께서 이와 같이 말씀하시기를 … 이스라엘은 반드시 사로잡혀 그의 땅에서 떠나리라 하셨느니라"(암7:17)

나라와 민족의 멸망을 여호와께서 선포하신다는 것은 나라의 운명과 야훼 신앙이 결코 하나이지 않음을 분명히 보여준다. 나라는 망해도 신앙은 존재한다. 나라는 망해도 야훼 신앙은 조금도 퇴색되거나 위축되지 않는다. 도리어 이스라엘 나라가 망하고 이스라엘 민족이 산지사방으로 흩어지는 것이야말로 야훼께서 살아서 역사하신다는 증거일 뿐이다.

나라가 없어도 신앙은 있다는 것을 명확하게 보여준 것이 구약 예언자이며 교회의 역사이다. 나라에 매인 신앙, 민족에 매인 신앙, 이 두 가지 모두를 넘어서 버린 것이 기독교 신앙이다. 민족이 강조되는 까닭은 부당한 폭력과 억압이 관건이지, 민족 자체가 결코 신성시될 수 없다. 지킬 것은 나라와 민족이 아니라 오직 공의이다. 아모스가 외친 바, "오직 정의를 물 같이, 공의를 마르지 않는 강같이 흐르게"**암 5:24** 하는 것이 지켜야 할 유일한 것이다. 그렇기에 예레미야는 시드기야의 유다를 향해 바벨론에 항복하라 권한다. 정의와 공의를 행하지 않는 정권이라면, 정의와 공의를 행하지 않는 나라라면 존재의 이유가 전혀 없기 때문이다.

지켜야 할 것은 조선이지 않다. 조선 땅에서 이루어지는 정의가 관건이다. 지켜야 할 것은 대한민국이지 않다. 한반도 땅에서 가난한 이들이 인간답게 살면서 안전과 평화를 보장받고 살아갈 수 있는 세상, 정의로운 세상, 그것이 지켜야 할 유일한 것이다. 그것이 재물이 지배하는 세상을 거부하는 기독교의 유일한 이상이요 목표일 것이다.

2. 신학적 보수성

1) 구약에 대한 경시

교회의 보수화와 뗄래야 뗄 수 없는 것이 신앙의 "사사화"privatization라고 할 수 있다. 기본적으로 우리네 교회의 신학은 "개인구원"이라는 철저히 개인적인 표어로 집약될 수 있다. 예수 믿으면 천국 간다는 가르침에는 공동체가 들어설 여지라고는 전혀 없다. 그럼에도 한국 교회에 유일하게 집단적인 차원이 있다면 그것은 '민족'에 대한 강조라고 할 수 있다. 이미 앞에서도 살펴 보았지만 일제 시대를 거치면서 민족은 기독교 신앙과 거의 불가분의 것처럼 뒤엉켰다. 지극히 개인적인 구원관을 지니고 있으면서도 여전히 우리 교회는 민족을 강조한다. 그래서 삼일절이나 광복절에 만세를 부르고 애국가를 부르는 교회들이 적지 않다.

교회가 민족을 강조하는 것은 논리적으로 앞뒤가 전혀 맞지 않는다. 예수님과 바울의 다음과 같은 선포는 혈통에 기반한 민족의 차원을 단번에 뛰어 넘는다.

"누구든지 하나님의 뜻대로 행하는 자가 내 형제요 자매요 어머니이니라"(막3:36)
"너희는 유대인이나 헬라인이나 종이나 자유인이나 남자나 여자나 다 그리스도 예수 안에서 하나이니라"(갈3:28)

이를 생각하면 한민족을 선민이라 여기는 사고 역시 그 설 자리를 잃게 된다. 한민족을 선민이라 여기는 생각의 한 흐름은 한민족이 고대적부터 겪어야 했던 수많은 고난에서 비롯되기도 한다. 이 경우 선민은 혈통을 가리키지 않고 한 지역에 살고 있는 이들에게 끝도 없이 닥쳐온 고난을 가리킨다. 고난 받는 하나님의 백성이라는 사고는 구약과 신약에서 낯설지 않다고 할 수 있다. 그러므로 '민족'은 하나님이 행하시는 일과 무관하다. 민족이 특별한 까닭은 그들이 겪고 있는 고난 때문이며 민족을 지지하고 민족을 위해 애쓰는 까닭은 이 민족을 짓밟고 억압하는 제국주의 자체가 악이기에 악에 대항하여 갇힌 자를 자유케 하고 억압과 해방에서 건지기 위함일 따름이다. 이를 고려하지 않는 '선민' 의식은 결국 그렇지 않은 이들에 대한 차별과 배제로 귀결될 수밖에 없다. 기독교의 '선민' 의식과 한민족의 '단일 민족' 강조는 대부분의 경우 배타성을 극도로 발현하는 단골 재료였다. 그런 점에서 우리 교회가 강조한 민족과 나라는 사실상 커다란 의미의 이기주의, 즉 집단이기주의에 불과하다 여겨진다. 가치가 사라져 버린 채 강조되는 민족과 나라는 오직 우리 민족 우리 나라의 잘됨과 승리만을 추구한다는 점에서 이를 가리켜 공동체성을 강조한다고 결코 볼 수 없다.

구약을 문자적으로 읽은 것에서 비롯된 편협한 집단 이기주의로서의 민족이란 틀까지 포함해서, '내게 승리 주시는 하나님, 내가 속한 공동체에 승리 주시는 하나님'으로 대표할 수 있는 우리네 기독교는 철저하게 개인적이며 사사롭다. 이를 극복하기 위해 "사회 구원"이라는 참으로 모호한 개념이 사용되기도 하지만 그 구체적인 실체를 알 수 없는 '사회'를 '구원'한다는 것이 무엇을 의미하는지 알 길이 없다. "사회 구원"이라는 말이 존재한다는 것 자체가 이미 기독교의 패러다임이 철저하게 개인적임을 반증하는 것이기도 하다. 개인에 기반한 신앙관에서는 구조와 틀에 관한 시각이 근본적으로 형성되기 어렵다. 한국 교회의 보수성은 경험에서 비롯된 것도 있지만 근본적으로 철저하게 개인적인 신앙관에서 비롯된 것도 크다 할 것이다. 이 글에서 다룰 수 없지만, 이러한 개인적 신앙관의 뿌리는 단연코 미국식 복음주의일 것이다.

기독교가 이토록 개인주의적으로 된 데에는 여러 원인이 있겠지만 그 가운데 가장 본질적인 이유가 있다면 구약의 경시라고 할 수 있다. 우리 교회가 전하는 복음을 한 마디로 표현하자면 "예수 믿고 구원 받으세요"라고 할 수 있다. 이 간결한 표현을 얼핏 보면 구약에 대한 아무런 이해도 필요하지 않다. 이 표현이 의미하는 "구원"은 대부분의 경우에 '죽어서 가는 천당'으로 이해된다. 결국 이 표현이 실제 의미하는 것은 '지금 예수님을 내 주님으로 고백하면 지금 죽어도 당신은 천당에 가게 됩니다'이다. 이것이 교회의 복음인 한, 교회에게 구약은 그저 예화들이 담겨 있는 책일 뿐 아무런 의미가 없다. 이러한 표현은 현재의 세상을 불타 무너져 가는 집으로 여기는 사고방식과도 연결된다. 지금 불타 무너지는 집에서 할 수 있는 일은 그 안에 살고 있는 사람을 한 사람이라도 끄집어내는 일 외에 아무 것도 가치가 없을 것이다. 그렇기에 이 복음을 가진 교회는 세상이 무너져도, 불의와 악이 기승을 부려도, 오직 그럴수록 한 사람에게 복음을 전하기에 힘썼다.

결국 한국의 기독교는 내가 믿는 종교의 교리를 받아들이고 그에 대한 신앙을 고백하면 내세가 보장되는 말 그대로의 '종교'가 되어 버렸다. 그가 세상에서 어떤 삶을 살건, 교리에 대한 인정이 내세의 관건이 되어 버렸다. '인격적으로 영접해야 한다'는 표현도 있지만 실제로는 교리에 대한 동의와 큰 차이가 없다고 할 수 있다. 그렇게 특정한 교리를 동의하고 받아들이면 내세가 보장된다는 것은 어느 종교나 주장하는 논리일 따름이다. 이 경우 중요하게 제시되는 교리의 거의 대부분은 신약 성경과 연관되며, 특히 바울 서신과 밀접하게 연관된다. 그 점에서도 현재 교회의 참담한 모습은 구약과 거리가 멀어진 까닭이라 볼 수 있다.

복음서와 바울 서신에서 구약은 종종 율법마 22:36; 롬 13:8-10; 갈 5:14 내지는 율법과 선지자마 5:17; 7:12; 22:40, 율법과 선지자와 시편눅 24:44 으로 표현된다. 다음과 같은 구절에 있는 "율법" 역시 좁게는 모세 오경이지만 넓게는 구약 전체를 가리킨다고 볼 수 있다.

"내가 율법이나 선지자를 폐하러 온 줄로 생각하지 말라 폐하러 온 것이 아니요 완전하게 하려 함이라 진실로 너희에게 이르노니 천지가 없어지기 전에는 율법의 일점 일획도 결코 없어지지 아니하고 다 이루리라"(마5:17-18)

여기에서 "폐하다"로 옮겨진 헬라어 동사 "카탈루오"동사의 목적어로 쓰인 것들은 신약 문서에서 주로 '성전'이다. 마 24:2; 26:61; 27:40; 막 13:2; 14:58; 15:29; 눅 21:6; 행 6:14 주님으로 말미암아 폐하여 지는 것은 구약이 아니라 '성전'이다. 여기서 성전이 의미하는 것은 바울이 다루는 할례와 같은 외적 표지로서의 '율법'에 대응된다고 볼 수 있다. 이것이 "카탈루오" 동사가 쓰인 또 다른 예인, 다음과 같은 바울의 언급의 의미일 것이다.[7]

"만일 내가 헐었던 것을 다시 세우면 내가 나를 범법한 자로 만드는 것이라"(갈2:18)

주님은 구약을 폐하지 않으시되 성전과 할례, 음식 규례로 대표되는, 야훼 신앙에서 비롯되었으되 이제는 신앙의 본질 자체를 훼손하고 있는 외적 규례를 폐하셨다. 이를 통해 주님께서는 '율법을 완전하게 하셨다'. 여기서 '완전하게 하다'로 번역된 헬라말 "플레로오"는 마태복음에서 모두 열여섯 번 쓰였는데, 그 가운데 '가득 차다'를 의미하는 13:48; 23:32을 제외하고 모두 구약과 연관하여 구약에 예언된 것을 '이루다, 성취하다'의 의미로 쓰였다. 마태복음 5:17의 경우 전형적인 성취 공식가령, '선지자로 하신 말씀을 이루려 함이라'이 사용되지 않았지만 구약을 상징하는 "율법"과 함께 쓰였다는 점에서, 이 구절에서의 "플레로오" 역시 '성취하다'를 의미한다고 볼 수 있다. 그 점에서 '완전하게 하다'는 개역의 번역은 무엇인가 미흡하거나 부족하던 어떤 것을 온전케 하고 완전케 하였다고 해석될 여지가 있다는 점에서 그리 적합하지 않다. 거의 대부분의 영역 성경은 이 구절에서 그 헬라어 동사를 '실행하다', '성취하다', '이루다'를 의미하는 "fulfill"로 옮겼다. 가령, ESV; NAB; NASB; NIV; NKJV; NRSV 새번역과 가톨릭 성경은 모두 '완성하다'로 옮겼다. 요는, 예수께서 구약을 폐지하신 분이 아니라 구약에서 약속하고 선포되고 이야기된 것이 그저 허망한 상상이나 허황된 공상이 아니라 모두 현실이요 일상이라는 점을 직접 성취하고 이루심으로 드러내셨다는 것

---

7) 또한 권연경, 『갈라디아서 어떻게 읽을 것인가』 (성서유니온, 2013), 120-122.

이다. 예수 그리스도는 구약이 망상이 아니라 현실임을 보이신 분이시다. 예수 그리스도로 말미암아 구약은 생생한 현실이 된다. 예수 그리스도로 말미암아 구약은 살아있는 하나님의 말씀임이 확연하게 입증되고 드러난다.

예수 그리스도로 말미암아 구약이 폐지되고 새로운 언약의 시대가 시작된 것이 아니라, 예수 그리스도로 말미암아 하나님께서 이스라엘 가운데 행하셨던 크고 놀라운 역사와 약속이 모두 모든 사람을 위한 일상이 되고 현실이 되었다. 예수 그리스도는 새로운 시대를 여신 분이 아니라 이미 주신 하나님 말씀이 참으로 사실이요 진리임을 확연히 드러내신 분이다.

그래서 마태복음은 그 첫머리를 시작하기를 "아브라함과 다윗의 자손 예수 그리스도"로 시작하며 그리스도의 족보를 아브라함에서 이어지는 약속의 백성들에게서 찾고 있다. 마태복음에 따르면 아브라함부터 이어지는 하나님의 약속은 그리스도를 통하여 성취되었다. 아브라함은 모세 율법 이전 시기 인물을 상징하며 다윗은 모세 율법 이후 인물을 상징할 것이다. 아브라함과 다윗 두 사람 모두에 공통된 것은 두 사람 모두 하나님의 약속으로 말미암아 하나님과 특별한 관계 안에 존재했던 사람이라는 점이다. 그 점에서 예수 그리스도께서 아브라함과 다윗의 자손이라는 점은 예수 그리스도가 아브라함부터 이어지는 약속의 자손임을 의미한다.

그러므로 예수 그리스도로 말미암아 구약의 약속이 모두를 위한 일상이 되고 현실이 되었다. 예수를 믿는다는 것은 구약에서 약속되고 예언된 그 모든 하나님의 행하심을 믿고 신뢰하고 받아들인다는 것을 의미한다. 예수께서 구약을 성취하셨다는 것을 이해하기 위해 우리에게 먼저 필요한 것은 구약이 약속하고 그리고 있는 내용이 무엇인가 일 것이다. 구약이 약속하고 예언하는 내용을 제대로 이해할 때, 예수께서 '율법과 선지자'를 성취하셨다는 것의 의미를 제대로 깨달을 수 있을 것이다. 그러므로 우리는 예수 그리스도의 성취를 알기 위해 율법이 약속하는 세상을 알아야 하며 예언자가 선포하는 미래를 알아야 한다. 그럴 때, 예수를 믿으면 구원 받는다는 말의 의미가 좀 더 분명해질 것이다. 예수를 믿음으로 얻는 구원은 죽은 다음의 천국이 그 본질이지 않다. 구약의 율법이 약속하고 예언자들이 꿈꾸며 증거하고 선포했던 세상, 그것이야말로 예수를 믿으면 얻고 누리게 되는 구원일 것이다. 그렇기에 예수는 구약의 성취인 것이다. 그러므로 구약이 없다면 예수 그리스도의 성취는 그 본질적인 내용이 사라져 버리며 구원이 의미하는 그 알맹이 전부가 사라져 버리게 되고 말 것이다. 그 결과가 금은보화 가득하고 화려하고 호화로운 집, 다이아몬드로 치장된 천국 묘사일 것이다. 그것은 천국이 아니라 이 땅에서 하나도 포기하거나 버리지 못한 탐욕의 대상화일 뿐이다.

이상의 논의에서 생각해볼 때 오늘날 우리네 교회의 보수성의 뿌리에는 구약과 신약의 관계에 대한 그릇된 이해가 놓여 있다고 할 수 있다. 예수 믿고 구원 받으세요가 구약에 대한 이해 없이 복음의 내용이 되어 버리는 순간 더 이상 교회는 세상의 불의와 폭력에는 관여하지 않게 될 것이다. 세상을 살아가는 모든 이유가 '예수 믿고 구원 받으세요'를 전하기 위한 기회일 뿐 하나님이 주신 세상 전체가 무의미해져 버린다.

2) 전적인 타락

여기에 빠질 수 없는 것이 전적인 타락에 대한 확신이다. 모든 사람이 죄를 범하였으매 하나님의 영광에 이르지 못하였다는 명확한 선언롬3:23은 세상 가운데 악이 존재하고 불의가 존재하는 것을 당연한 것으로 여기는 근거가 되어 버렸다. 사람 가운데 있는 죄악을 고발하고 드러내며 전적으로 그리스도를 의지하여 하나님께 종이 되고 의에게 종이 되어 의의 병기로 살기를 촉구하는 바울과는 달리, 교회는 세상의 죄악을 당연한 것으로 여기며 오로지 죽은 후에 가게 될 영광의 나라만을 사모하였다. 죄에 대해 교회가 지닌 신앙의 또 다른 문제점은 죄를 지나치게 개인적인 차원으로 국한시키고 있다는 점이다. 모든 사람이 죄인임을 이야기할 때, 선뜻 납득하지 못하는 세상을 향해 교회는 늘 우리가 했던 거짓말, 음란한 생각, 나쁜 생각 등을 예로 들곤 한다. 이러한 것이 죄가 아니지는 않겠지만, 지나치게 개인적이다.

태초에 하나님이 지으신 모든 것이 선하되, 오직 사람이 혼자 있는 것은 좋지 못하였다. 창 2:18 그래서 하나님께서는 하나님의 형상대로 사람을 지으시되 남자와 여자, 즉 관계 안에 공동체로 존재하도록 지으셨다. 관계 혹은 공동체 안에 존재하는 사람이야말로 하나님의 형상과 모양이라는 점은 삼위일체 하나님을 고려할 때 더욱 분명해진다. 이를 생각할 때 죄의 근본은 관계의 파괴이다. 사람이 속으로 하는 생각이 나쁜 까닭은 그러한 생각이 결국에는 함께 살아가는 관계를 모두 파괴해 버리기 때문이다. 그러므로 죄는 근본적으로 관계적이라고 해야 한다. 무인도에 홀로 살아가는 사람에게 죄라는 것은 거의 의미가 없다. 사실 구약이 이야기하는 모든 개념, 진리, 의, 정의, 인애, 그 모든 것의 근본은 관계에 기반한다.

그러므로 죄는 근본적으로 관계의 파괴이다. 노아의 시대에 하나님께서 온 땅을 심판하신 까닭은 "폭력"창6:11; 개역에서는 "포악함"으로 옮김이었다. 폭력이 가득한 세상은 필연적으로 힘이 센 사람이 약한 사람을 짓밟기 마련인 약육강식, 무한경쟁의 세상일 것이다. 이러한 세상에서는 더 이상 서로가 서로에 진실하고 충성된 관계를 이룰 수 없을 것이며, 서로를 속이고 이용하여서라도 내가 살아남는 것이 최우선일 수밖에 없다. 그 점에서 노아의 시대나 지금 우리가 살아가는 시대는 그리 큰 차이가 없어 보인다.

아담과 하와가 하나님의 명령을 거역하고 선악을 알게 하는 나무 열매를 먹었을 때 그들은 서로의 관계를 깨뜨렸고 하나님과의 관계를 깨뜨렸으며 피조 세계와의 관계를 깨뜨렸다. 그러나 범죄한 사람에게 하나님께서는 다시금 은혜의 손길을 내어

미셨고 범죄한 사람들로 하여금 하나님과 사람 사이에 올바른 관계를 회복하도록 명하셨다. 그것이 하나님께서 아브라함에게 명령하신 "정의와 공의"를 행하는 삶의 본질일 것이다. 창18:19

하나님은 범죄한 아담과 하와와 다시 관계를 맺으신다. 하나님께서는 가인의 제사를 받지 않으셨으되 가인에게 여전히 말씀하시며 죄를 다스리는 삶을 명령하신다. 창4:7 심지어 가인이 아벨을 죽인 이후라도 하나님께서는 가인에게 표를 주시며 그를 돌보신다. 창 4:15 하나님께 범죄하여 결국 약속의 땅에서 쫓겨난 이스라엘을 생각하면, 에덴에서 쫓겨난 아담과 하와, 그리고 이제 에덴의 동쪽으로 쫓겨난 가인은 이스라엘을 상징한다고 볼 수 있다. 비록 쫓겨났으나 하나님과 이스라엘의 관계는 끝이지 않다. 하나님은 언제고 그들로 하나님께 돌아오기를 찾으시며, 언제고 그들이 죄를 다스리고 죄와 싸우기를 찾으신다. 하나님께서 죄를 다스리라 가인에게 명하셨다창4:7는 것은 가인이 하나님을 의지하며 그렇게 할 수 있음을 전제한다. 개인으로는 할 수 없지만, 그에게 명하시는 하나님을 믿는 믿음 안에서 가인은 할 수 있다. 그러나 가인은 그 길을 가지 않았다.

그러므로 세상에 가득한 죄악은 당연한 것이 아니며, 사람은 아무런 선을 행할 수 없는 존재로되 하나님 안에서 의의 무기가 될 수 있다. 그렇기에 죄악 가득한 사람이 세상을 향해 영원한 복음을 증거할 수도 있는 것이며 불의 가득한 세상에서 정의와 공의를 행하며 외칠 수 있는 것이기도 하다.

그러나 교회는 원죄와 전적 타락을 강하게 붙들었다. 하나님의 형상대로 지음 받았으며 왕적인 통치자로서 정의와 공의를 행하는 영광의 축복 가득한 삶보다는 죄로 인해 더럽혀져서 아무런 선도 의도 행할 수 없는 죄인임을 굳게 붙잡았고 그 결과 세상을 바꿀 수도 고칠 수도 없는 죄악의 소굴로 만들어 버렸다. 원복original blessing을 버리고 원죄original sin을 붙잡은 것이다. 개인적인 죄는 그야말로 수렁과 같다. 아무리 우리의 마음 속을 깨끗이 하여도 그 마음에는 금세 먼지가 내려 앉는다. 이 때문에 사막으로 가고 광야로 가고 산 속으로 갈지라도 마음에 내려앉은 먼지는 완전히 없앨 수 없다. 그런데 이렇게 마음의 죄악을 강조하면 강조할수록 사람들은 자신의 죄악이 두려워 아무 것도 할 수 없게 된다. 오직 하나님의 은혜만 사모하면서 자신의 정결에 온 힘을 다하게 된다. 그야말로 죄에 매여 한 걸음도 앞으로 나아가지 못하고, 잠시도 하나님의 은혜와 용서가 선포되는 교회 밖으로 떠날 수 없게 된다. 죄가 강조될수록 사람들은 더욱 교회에 매이고 외적인 표지기도와 금식, 성경 읽기, 전도하기 등등에 매달리게 될 것이다. 그럴수록 교회는 번창하고 사람으로 들끓게 될 것이며 교회 재산은 많아지고 교회 건물은 높고 화려해질 것이다. 호세아의 다음과 같은 말씀은 이 상황을 가리킬 것이다.

"그들이 내 백성의 속죄제물을 먹고 그 마음을 그들의 죄악에 두는도다"(호4:8)

그야말로 백성들의 죄악이 제사장을 비롯한 종교 권력들을 더욱 살찌우는 것이 되었다. 죄악이 강조될수록 회개를 요구하는 소리가 높아질수록 교회는 더욱 늘어나고 팽창한다.

물론 여기서의 죄악은 모두 지극히 개인적인 죄악들이다. 하나님께서는 이스라엘 가운데 폭력이 가득하고 가난한 자를 짓밟는 악이 가득함을 예언자들을 보내셔서 반복적으로 책망하시지만 오늘의 우리네 교회는 이 모든 고발들을 모두 그저 마음 속의 개인적인 죄악으로 읽어 버리며 내면화시켜 버린다. 옆에는 사람이 죽어가고 자식 잃은 부모들이 슬피 울고 있는데도 교회는 마음 속의 거짓말과 음란을 붙잡고 오늘도 십자가를 의지하며 회개 기도에 열중하고 있는 양상이 되어 버렸다.

그런 점에서 예수께서 선포하신 용서와 사죄는 가히 혁명적이다.[8] 평생을 죄책 감 속에서 무엇을 제대로 할 수 없는 자신을 보며 조금도 체제를 떠나지 못하고 조금도 종교를 떠나지 못한 채 살아가게 되는 이들을 향해 주님께서는 사죄를 선포하신다. 주님은 죄로부터 사람을 자유케 하셨다. 진리를 알지니 진리가 너희를 자유케 하리라 하셨다. 하나님의 사람으로 사람들을 찾으셨고 부르셨고 세우셨다. 세상의 물질과 권력과 죄로부터 자유케 하셨다. 다시는 죄의 멍에를 매지 말라 하셨다. 아담과 하와의 범죄는 평생을 원죄의 굴레 아래 살아가라고 주어진 말씀이 아니다. 우리가 얼마나 존엄한 존재인지 우리를 얼마나 영광스러운 일상으로 부르셨는지를 보여주며, 우리의 실패와 연약함도 보여주되 그 모든 실패와 연약함을 넘어서는 하나님의 풍성하신 은혜와 새로운 출발을 보여준다. 그러나 우리는 애써 원죄에 주목하며 죄로 인해 부정탈까봐 눈치 보며 살아간다. 그리고 여기에 기여하는 것이 '율법의 의'이다. 정교한 율법 체계 준수를 통해 스스로 만족하려 하지만 그렇게 하기는 바리새인이 아닌 이상 어렵다. 그러니 이 율법 체계가 도리어 사람을 죽이는 것이 된다.

3) 공동체로의 부르심

아브라함을 향한 하나님의 부르심은 출애굽으로 구체화된다고 할 수 있다. 아브라함을 보면 언뜻 하나님께서 개인을 부르셨다고 여겨질 수 있지만, 출애굽 사건은 하나님께서 이스라엘이라는 공동체를 부르셨음을 분명히 보여준다. 하나님께서는 출애굽을 통해 그렇게 건짐 받은 이들이 각자 알아서 자신의 삶을 행복하게 살아가도록 하지 않으셨다. 예수를 모르고 살다가 예수님을 믿게 된 후, 찬송하며 천국을 소망하며 살아가는 삶, 그것은 결코 출애굽과는 다른 방식이다.

처음부터 하나님께서는 공동체로서의 이스라엘의 새로운 존재를 명하셨다.

---

8) 월터 브루그만. 김기철 옮김. 『예언자적 상상력』 복있는 사람, 2009, 162.

"세계가 다 내게 속하였나니 너희가 내 말을 잘 듣고 내 언약을 지키면 너희는 모든 민족 중에서 내 소유가 되겠고 너희가 내게 대하여 제사장 나라가 되며 거룩한 백성이 되리라"(출19:5-6)

하나님의 소유된 거룩한 백성이라는 공동체를 향해 하나님께서는 여러 가지의 율법을 명하셨다. 출애굽기와 레위기, 민수기, 신명기에 제시된 모든 법들은 이스라엘이라는 거룩한 백성 공동체를 향한 규례들이다. 새로운 공동체를 향한 규례임을 확실히 보여주는 규례는 안식년과 면제년, 희년과 같은 것들이다. 그들은 하나님으로 말미암아 노예에서 자유인이 된 것에서 그치지 않고 서로 일정한 기간이 되면 빚을 탕감해 주고 팔았던 땅이 다시 원주인에게 돌아와서 새롭게 출발하기를 훈련하는 공동체였다. 이 공동체 안에서는 실패하고 넘어져도 결코 끝이 아니었고 다시 시작할 수 있는 기회가 있었다. 그들은 새로운 공동체였다. 그리고 그것이야말로 하나님께서 부르신 이스라엘이다.

그러므로 구약을 고려하면 예수 믿고 누리는 개인 구원이라는 것은 완전히 생소한 개념일 것이다. 그렇게 혼자 누리고 얻는 구원은 구약에서 찾아볼 수 없는 개념이다. 구약에서 생소하고 설 자리가 없는 개념이라면 당연히 신약에서도 찾아볼 수 없는 개념일 것이다. 하나님께서는 개인이 아니라 공동체를 불러 내셨고, 새로운 공동체를 경험하고 살아가게 하셨다. 이스라엘의 멸망은 그렇게 함께 살아가는 공동체가 파괴되어 버리고 서로 짓밟고 억압과 압제가 가득해졌기 때문이었다. 구약의 예언자들은 끊임없이 우상 숭배를 경고하고 우상 숭배로 인해 나라가 망하게 될 것을 선언하였다. 그런데 나라가 망하지 않기 위해 요구된 것은 그저 '우상을 섬기지 말라'이지 않았다.

"너희는 이것이 여호와의 성전이라 여호와의 성전이라 여호와의 성전이라 하는 거짓말을 믿지 말라 너희가 만일 길과 행위를 참으로 바르게 하여 이웃들 사이에 정의를 행하며 이방인과 고아와 과부를 압제하지 아니하며 무죄한 자의 피를 이곳에서 흘리지 아니하며 다른 신들 뒤를 따라 화를 자초하지 아니하면 내가 너희를 이곳에 살게 하리니 곧 너희 조상에게 영원무궁토록 준 땅에니라"(렘7:4-7)

위 구절에서 보듯, 우상 숭배의 반대말은 여호와 숭배이되 여호와 숭배의 구체적 내용은 '이웃들 사이에 행하는 정의'이다. 그에 비해 우상의 특징은 오직 신에게만 집중하게 하고 신에게만 최대한의 정성을 쏟게 만드는 것이다. 온갖 정성으로 표현된 막대한 제사와 제물 그리고 그들에게 약속되는 물질적 축복, 이것이야말로 바알 신앙의 요체라고 할 것이다. 그러나 하나님께서 요구하시는 것은 신을 향한 개인의 막대한 정성이지 않다. 함께 살아가는 이웃들 사이에서 행하는 정의야말로 우상 숭배의 실질적인 반대말인 것이다.

이를 생각하면 우리네 교회에서 이제껏 그토록 죄를 말했지만, 그 죄는 거의 대부분 지극히 개인적인 죄에 국한되어 있으며 실제로는 교우들로 하여금 교회 생활에 꽉 묶이게 만들어 버리는 기능을 했다고 볼 수 있다. 그러는 한, 기독교인들은 함께 살아가는 이웃들의 절망과 비참함에 눈을 돌리기 어려워질 것이다.

3. 결론

일제 시대와 광복 이후의 혼란, 이념으로 인한 남북 분단과 한국 전쟁이라는 매우 특수한 일련의 상황은 한국의 교회로 하여금 민족과 반공을 가장 근본적인 가치로 붙들게 하였다고 볼 수 있다. 비록 일제 식민지 시절에 억압자들에 대한 대항과 저항으로서 민족은 매우 적절하고 합당한 가치였으되, 자유로운 민주주의 국가를 이룬 후에도 여전히 고수된 민족이라는 가치는 도리어 현실의 불의와 불평등을 호도하는 도구가 되어 버렸다.

유물론에 대한 강력한 거부를 내세운 반공에 물든 기독교는 공산주의와의 대결에 골몰한 나머지, 도리어 경제 발전과 성장이 공산주의를 이기는 유일한 길이라 여겼고 경제 성장을 가장 우선시하는 성장지상주의 집단이 되어 버렸으니 이런 상황에서 교회의 대형화는 필연적인 귀결이었다. 유물론을 반대한 교회가 누구보다도 물신 숭배에 몰입해 버린 것이다.

현실적 경험이 초래한 교회의 보수화를 고착화시킨 것은 신학적 보수성이라 할 수 있다. 예수 믿고 구원 받는다는 말로 대표되는 개인주의적 구원관은 근본적으로 구약에 대한 경시에서 비롯된다. 구약의 율법과 예언자의 성취로서의 예수 그리스도를 생각할 때, 구약이 제시하고 꿈꾸는 세상은 그대로 교회의 꿈과 희망이 될 것이다. 그러나 구약이 사라져 버린 교회가 세상에 제시할 것이라고는 내세 구원과 그 확인으로서 현세의 축복뿐이었다.

참으로 교회가 보수保守해야 할 것은 영원하신 하나님의 약속이다. 아무리 비현실적이라 하더라도 이리와 어린 양이 함께 뛰어노는 세상, 칼이 보습으로 창이 낫으로 바뀌는 세상은 교회의 비전이요 꿈이다. 세상이 바뀌고 현실이 힘겨워 이제는 그런 꿈은 백일몽 같게 여기는 것이 당연함에도 교회는 끝까지 율법과 예언자가 제시한 이상을 소망하며 꿈꾸고 간직하고 지킨다. 그래서 교회는 보수적이다. 희년법처럼, 아무리 실패해도 다시 시작할 기회가 주어지고 부모의 가난이 자식에게 대물림되지 않는 세상을 향한 율법을 대부분의 사람들이 지나간 시대의 사라진 법으로 여길 때, 교회는 강력하게 그 법 정신이 여전히 유효함을 강력하게 주장하며 그 법 정신을 보수하고 지킨다. 구약이 꿈꾸고 신약에서 예수 그리스도와 그를 따르는 교회가 현실로 만들었던 세상을 끝까지 보존하고 소망하는 교회는 하나님의 말씀의 여전한 능력과 타당성에 대해 확고하게 보수적이다.

2장
한국 개신교회와 근본주의

배덕만
기독연구원 느헤미야 연구위원

한국 개신교회와 근본주의

배덕만

1. 서론

　2007년은 평양대부흥운동의 100주년이 되던 해였다. 한국 개신교회는 100년 전 평양에서 일어났던 영적 흥분과 각성의 재현을 통해 한국교회의 중흥을 꿈꾸며 다양한 사업을 추진했다. 교회마다 부흥을 위한 뜨거운 기도회가 연속적으로 진행되었고, 주일마다 목사들이 부흥을 열망하며 열정적으로 설교했다. 교단마다 그리고 한국교회 전체적으로 대규모 부흥집회가 체육관과 경기장을 빌려 열렸다. 수많은 사람들이 행사장을 가득 채우고, 열렬히 부흥을 갈망했다. 그러나 2007년 한국 개신교에게 찾아 온 것은 성령의 부흥이 아니라, "개독교"라는 혹독한 비판과 모욕이었다. 사학법 반대투쟁을 주도하며 시청 앞에 몰려든 신자들과 삭발한 목사들, 봉사활동을 목적으로 아프가니스탄에 갔다가 인질이 된 모 교회 신자들, 계약직 노동자들의 대량 해고로 사회적 비난의 대상이 된 대표적 기독교 기업 이랜드. 이런 일련의 사태가 매스컴을 장악하면서, 한국 개신교회는 화려한 부활 대신 처참한 추락을 경험했다.

이런 혹독한 비판의 세례 속에서 한국 개신교회의 치부가 속속들이 드러나기 시작했고, 이에 대한 심각한 진단과 반성이 교회 안팎에서 행해졌다. 이런 과정에서 드러난 한국 개신교회의 아킬레스건 중 하나가 한국 개신교회의 근본주의적 속성이라는 것이다. 지난 120여 년간 한국 개신교회가 한국의 근대화 과정에서 행한 수 많은 공적에도 불구하고, 한국교회의 근본주의적 속성과 잔재가 한국교회의 무한한 양적 성장에도 불구하고, 한국 사회와 문화에 건강하고 책임 있게 적응하고 뿌리내리지 못했다는 지적이 꼬리에 꼬리를 물고 터져 나왔다. 대신, 특정 이념의 맹목적 지지세력으로, 특정 세력의 배타적 추종자로 기능함으로써, 한국사회의 통합보다는 분열의 매체로, 진보적 개혁세력 대신 시대착오적 보수집단으로 역사발전에 역행해 왔다는 무서운 질책이 이어졌다.

이런 맥락에서 한국의 보수적 개신교회의 변화와 성장을 위해, 그들 안에 내재해 있는 근본주의의 실체를 드러내고, 이에 대한 비판적 성찰과 창조적 대안을 제시하는 것이 절대적으로 필요하다. 이처럼 중차대하고 엄청난 과제를 이 작은 논문이 모두 완벽하게 수행하는 것은 불가능하다. 다만, 이런 목표를 향한 소박하지만 진지한 몸짓이 되길 소망할 뿐이다. 따라서 이 논문에서는 한국 개신교 근본주의의 신학적 역사적 기원이 되는 미국 개신교 복음주의 역사를 먼저 고찰하고, 이런 개신교의 새로운 유형이 한국에 전달되어 정착해온 과정을 추적하고, 이어서 현재 드러나고 있는 한국 개신교의 근본주의적 특징을 지적하고자 한다. 끝으로, 이런 관찰과 분석을 근거로, 앞으로 한국 보수적 개신교회가 극복해야 할 과제를 제시함으로써, 논문을 마무리하고자 한다.

2. 미국 개신교 근본주의

1. 미국 개신교 근본주의 형성 과정

미국 개신교 근본주의는 19세기 중반 미국에서 발생한 급격한 사회적, 문화적, 신학적 격변을 배경으로 형성되기 시작했다. 사실 지난 100년간 미국은 전대미문의 발전을 경험했다. 국가의 영토가 북미 전체로 확장되었고, 이민의 증가로 인구가 급증했으며, 경제와 산업 면에서 경이적 성장을 이룩했다. 그 결과 미국인들은 "미국의 꿈"American Dream과 "명백한 운명"Manifest Destiny 등의 신화를 꿈꾸며, 미국 땅에 하나님 나라가 도래할 것이라는 희망에 부풀어 있었다. 하지만 19세기 중반에 진입하면서 미국인들의 낙관적 세계관에 암울한 그림자가 드리우기 시작했다. 그들에게 찾아온 것은 "언덕 위의 도성"City upon a Hill이 아니라, 전쟁, 계급갈등, 범죄, 기독교적 가치의 붕괴 등 수많은 사회적 문화적 종교적 난제들이었다. 남북전쟁은 미국에서 북부의 주도권을 확보하게 했으나, 남부의 경제가 해체되고, 북부 중심의 산업화 도시화가 급속히 추진되면서, 노사간의 계급갈등이 심화되었고, 도시 내의 범죄율이 급증했으며, 전통적 가치들이 붕괴되면서 사회적 아노미 현상이 뚜렷해졌다. 한편 유럽 이민자들의 급증은 오랫동안 보수적 백인 기독교인들이 추진해온 "기독교적 미국"Christian America 프로젝트에 심각한 제동을 걸었다. 새로운 이민자들 대부분은 음주와 흡연을 즐기고, 미국의 보수적 기독교 윤리에 둔감한 이들이었던 것이다.

이런 사회적·문화적 변화가 초래한 위기의식은 미국 교회에 도입된 새로운 신학적 과학적 조류 들에 의해 더욱 가속도가 붙었다. 미국 개신교 내에 위기의식을 심화시킨 가장 큰 요인은 성서비평학을 중심으로 한 자유주의 신학이 미국 신학교와 교회강단 속으로 급속히 확산되기 시작한 것이다. 당시 세계 신학계를 주도하고 있던 독일에서 유학한 신진 학자들이 귀국하여 미국의 저명한 신학교와 교회에서 자리를 확보하면서, 독일의 최신 신학사조들을 소개하기 시작했다. 그들은 특히 성경에 대한 전통적 해석과 태도에 문제를 제기하며, 성서비평학의 확산에 심혈을 기울였다. 이런 분위기는 1859년에 찰스 다윈의 『종의 기원』The Origin of Species가 출간되면서, 더욱 고조되었다. 성서비평학과 생물학적 진화론 모두 성경의 절대적 권위를 뒤흔드는 위협으로 간주되었다.

이런 사회적, 문화적, 신학적 변화는 미국의 그리스도인들 내에 미래에 대한 비관적 관념을 확산시키고, 자신들의 전통적 신앙을 보수해야 한다는 전투적 강박관념을 강화시켰다. 이런 상황에서 프린스턴 신학교는 스코틀랜드의 상식철학에 근거해서 "성서무오설"inerrancy을 교리적으로 완성하여, 진보진영의 성서비평학에 학문적으로 대항하려고 했다. 동시에 영국에서 건너온 존 달비John N. Darby는 미국과 캐나다를 수차례에 걸쳐 여행하면서 성경공부를 통해 자신의 세대주의적 전천년설을 미 대륙에 전파했다. 문자적 성서해석, 비관적 역사관, 기성교회에 대한 비판을 핵심으로 하는 달비의 종말론은 무디D. L. Moody라는 걸출한 스타를 설득시킴으로써 미국에서 제도적으로 확산될 수 있는 통로를 확보했다. 무디는 자신이 주도하던 부흥운동, 폭넓은 인맥, 그리고 풍부한 재정을 동원하여, 미국 복음주의 내에서 성서무오설, 부흥운동, 묵시적 종말론이 연합전선을 형성하며 제도화될 수 있도록 지원했다.

근본주의의 제도적 발전을 가능하게 한 최초의 장치는 1875년에 시작된 '성서예언대회'였다. 이 대회는 1883년부터 1897년까지 캐나다 온타리오에 있는 나이아가라에서 개최되어, 흔히 '나이아가라 성서예언대회'라고 알려져 왔다. 이 대회에는 당대의 저명한 보수적 기독교 학자 및 목회자들이 참석해서, "성경의 축자적 영감, 성령의 인격성, [그리스도의] 대속적 죽음, 제사장으로서 그리스도, 신자의 두 본성, 그리고 하늘로부터 우리 주님의 인격적이고 임박한 재림" 등을 강조했다.[1] 성서예언대회

---

1) Watchword 19 (1897), 144. Sandeen, *The Roots of Fundamentalism*, 133에서 재인용.

이후, 1910년부터 1915년까지 발행된 학술잡지 『근본적인 것들』 Fundamentals 이 근본주의의 제도화에 주도적 역할을 담당했다. 여기에는 모건, 워필드, 토레이, 피어슨, 어드만 같은 보수적 복음주의 지도자들이 대거 참여하여, 성서예언대회에서 주장했던 교리들과 거의 동일한 주제들에 대해 자신들의 입장을 서술했다. 이 책자는 로스앤젤레스의 평신도 사업가인 레이먼과 스튜어트의 지원 하에, 300만부 이상이 영어권의 그리스도인들에게 무료로 보급됨으로써, 근본주의 신학의 확산에 결정적 역할을 하였다. 이 외에도 근본주의는 '무디성서학원' '달라스신학교' 같은 50개 이상의 신학교육기관과 수많은 대중매체를 통해 자신들의 입장을 대중적으로 확산시킬 수 있었다.[2]

이렇게 확산된 근본주의는 마침내 미국 주요교단들 내에서 공식적 목소리를 발언하기 시작했고, 각 교단은 근본수의 대 근대주의 간의 첨예한 갈등에 휩싸이게 되었으며, 결국 교단분열의 고통스런 터널을 통과하며 마침내 근본주의 신학을 토대로 한 교단들이 탄생하게 되었다. 미국 북장로교회는 1910년 총회에서 근본주의자들의 영향력 하에, "성경의 영감과 무오성, 그리스도의 동정녀 탄생, 그리스도의 대속적 죽음과 육체적 부활, 기적"으로 요약되는 5개조 교리를 신앙의 본질로 선언했다. 그러나 1924년 총회 직후, 이 교단의 진보적 그룹이 이 5개조 교리에 반대하는 '어번선언'the Auburn Affirmation 에 서명함으로써, 장로교는 분열되기 시작했다. 이 갈등은 1929년에 프린스턴 내에서 근본주의를 주도하던 그래샴 메이첸J. Gresham Machen과 그를 따르던 교수들이 프린스턴을 떠나 웨스트민스터 신학교를 설립하고, 이후 정통장로교회를 설립함으로써 일단락 되었다.[3] 근본주의 논쟁에 의한 교단분열은 장

---

2) 목창균, 132-33.

3) 장로교 분열과 그래샴 메이첸에 대해서는 N. B. 스톤하우스, 『메이첸의 생애와 사상』, 홍치모 역 (서울: 그리심, 2003); George M. Marsden, *Understanding Fundamentalism and Evangelicalism* (Grand Rapids, MI: Wm. B. Eerdmans, 1991), 182-201을 참조하시오.

로교뿐만 아니라 침례교회에서도 발생했다. '침례교성서연합'the Baptist Bible Union, '근본주의침례교단'the General Association of Regular Baptist Churches, 그리고 '미국침례교협회'the American Baptist Association, '그레이스형제단'the Grace Brethren 등이 이 갈등의 산물로 탄생했다.[4]

끝으로, 근본주의 형성과정에서 기억해야 할 것은 1925년에 벌어진 "스코프스 재판"이다. 이 재판은 당시 공립학교에서 창조론만을 가르치도록 규정되어 있던 테네시 주에서 존 스코프스John Scopes라는 생물교사가 진화론을 가르친 것 때문에 발생한 소송사건이다. 특별히 이 재판에서 검찰 측 증인으로 저명한 민주당 상원의원 윌리엄 제닝스 브라이언William Jennings Bryan이, 스코프스의 변호인으로 클러렌스 데로우Clarence Darrow가 대결을 펼쳤고, 지능적인 데로우의 유도신문에 넘어간 브라이언은 성경과 과학에 대한 자신의 무지를 드러냄으로써, 그가 대표한 근본주의가 무지에 근거한 오만과 편견의 산물이라는 인식을 세상에 심어주고 말았다. 결국, 이 재판을 통해서 근본주의는 전근대적 사고를 대표하는 치욕적 명칭으로 추락했고, 미국 개신교의 중앙무대에서 근본주의자들이 종적을 감추게 되었다. 결국, 이런 모욕적 경험을 통해서, 세상에 대한 근본주의자들의 부정적 인식은 더욱 심화되었고, 타락한 세상을 구원하는 대신 그 세상의 영향으로부터 자신들을 보호해야 한다는 분리주의적 강박관념이 그들의 정체성을 규정하게 만들었다.

2) 근본주의의 부활과 분화

1925년 이후, 세상의 관심에서 사라졌던 근본주의자들은 자신들의 교회로 돌아가서 목회와 전도에 전념했다. 그들이 다시 세상에 모습을 드러낸 것은 1940년대 초반이었다. 근본주의 2세대로 불릴 수 있는 이들은 지난 10여 년간 근본주의

---

4) 목창균, 134-35.

자라는 종교적 주변인으로 살면서, 그들의 부모 세대의 분리주의적 반지성적 성향에 대해 반성적 태도를 갖고 성장했다. 풀러신학교를 설립한 헤롤드 오켕가Harold J. Ockenga, 『크리스챠니티 투데이』지 편집장을 지낸 칼 헨리Carl F. H. Henry, 그리고 혜성같이 나타난 부흥사 빌리 그레엄Billy Graham이 바로 이 새로운 근본주의 세대를 대표한다. 그러나 그들의 전향적 태도는 보다 전투적 근본주의자들과 갈등을 야기했고, 결국 "신복음주의자들"neo evangelicals로 분류되어, 근본 주의와 결별하게 되었다. 칼 매킨타이어Carl McIntire와 밥 존스 1세Bob Johns, Sr.가 주도한 근본주의 그룹은 종전의 보수적 신앙에 반공주의와 백인우월주의를 결합하여, 더욱 전투적인 색채를 띠고 근본주의 운동을 이끌었다.[5]

신복음주의와 결별하며 활동범위가 더욱 축소되었던 근본주의는 1970년대부터 다시 미국 기독교의 무대 중앙으로 복귀하기 시작했다. 베트남전쟁과 흑인민권운동으로 들끓었던 격동의 60년대에도 침묵과 무관심으로 일관하던 근본주의자들이 1973년 낙태를 허용했던 대법원의 판결Wade v.s. Roe이후, 소위 기독교우파Christian Right 혹은 Religious Right란 이름 하에 강력한 정치세력으로 부상하기 시작한 것이다. 이 예기치 못한 흐름을 주도했던 인물은 '도덕적 다수'Moral Majority란 정치로비단체를 만들어서 1980년 미대선에서 로널드 레이건 후보를 백악관의 주인으로 만드는데 결정적 기여를 한 제리 폴웰Jerry Falwell, 그리고 1988년 대선에 후보로 직접 출마했던 기독교 방송국 CBNChristian Broadcasting Network과 기독교 우파의 대표적 정치단체인 '기독교연합'Christian Coalition의 설립자인 팻 로버트슨Pat Robertson 등이다. 조지 부시 2세의 대통령 당선과 함께, 근본주의는 강력한 정치세력으로 자신의 위치를 더욱 확고히 하게 되었고, 현재 미국 교회와 정치의 일차적 관심의 대상이 되고 있다.[6]

---

5) 제2차 대전 이후 미국 개신교 근본주의의 복잡한 역사에 대해서는 Joel Carpenter, *Revive Us Again*을 참조하시오.

6) 미국 기독교 우파에 대해서는 배덕만, 『미국 기독교 우파의 정치활동』(서울: 넷북스, 2007)을 참조하시오.

이처럼 지난 30여 년 간 미국 개신교의 근본주의는 대단히 다양한 모습으로 분화되었고, 그 내용도 이전 세대와 많은 점에서 차이점을 노출하기 시작했다. 따라서 예전처럼 획일적인 시각과 잣대로 근본주의를 이해하는 것이 어렵게 되었다. 이런 상황을 조지 말스덴은 이렇게 기술했다.

근본주의는 역설로 가득 차 있다. 그것은 난폭한 논쟁주의와 영향력 있고 효과적으로 전도하기 위해 꼭 필요한 수용적 태도 사이에서 찢겨져 있다. 흔히 그것은 타계적이고 사적이다. 그러나 그것은 또한 강력한 애국주의와 국가의 도덕적-정치적 복지에 대한 관심을 보유하고 있다. 근본주의는 개인주의적이지만 강력한 공동체들을 만들어 낸다. 근본주의는 어떤 의미에선 반지성적이지만, 올바른 사고와 참된 교육을 강조한다. 근본주의는 주관(the subjective)에 대한 부흥사들의 호소를 강조하지만, 빈번히 인식론적 차원에서는 합리적이고 귀납적이다. 근본주의는 한 고대의 문헌에서 기원한 기독교이지만, 또한 기술문명의 시대에 형성된 기독교이기도 하다. 근본주의는 반(反)근대주의적이지만, 어떤 면에서는 대단히 근대적이다. 아마도 가장 역설적인 것은, 근본주의가 명백하게 모순된 답을 너무 쉽게 제공하지만, 그것은 너무 복잡한 전통들이 혼합되어 있어서, 근본주의 옹호자뿐만 아니라 반대자들이 생각하는 것보다 훨씬 더 심각한 모호성과 역설로 가득 차 있다.[7]

---

7) George M. Marsden, *Understanding Fundamentalism and Evangelicalism*, 120-21.

3. 한국 개신교 근본주의 형성과정

1) 미국 개신교 근본주의 전래

한국 개신교는 미국 선교사들의 절대적 도움과 영향 하에 형성되었다. 한국 개신교내에 근본주의적 성향이 조성된 것도 이들 미국 선교사들의 강력한 영향 하에 이루어진 것이다. 미국 선교사들을 통해 한국 개신교 l내에 근본주의가 이식된 과정을 몇 가지 경로를 통해 확인할 수 있다.

먼저, 한국에 상륙한 최초의 두 미국 선교사였던 장로교의 언더우드와 감리교의 아펜젤러 모두 미국 근본주의 태동에 결정적 역할을 했던 무디의 영향을 받았던 사람들이다. 그들이 한국교회의 신앙적 신학적 토대를 놓았다는 점을 상기할 때, 그들을 통해 한국교회사 초기부터 이 땅의 교회에 근본주의의 씨앗이 심어진 것이 틀림없다. 이런 상황을 이덕주 교수는 다음과 같이 정리했다.

> 첫 '복음 선교사'로 내한 한 아펜젤러(H. G. Appenzeller)와 언더우드(H. G. Under-wood)를 비롯하여 초기 선교사들은 19세기 말 미국 교회의 '종교대각성운동'과 이와 연관된 '학생자원운동'에 영향을 받은 경우가 많았다. 특히 무디(D. L. Moody)의 '전천년주의 재림운동'과 그가 이끄는 해외선교운동에 영향을 받은 선교사가 많았다. 이들은 '성경중심적' 보수주의 신앙과 신학을 한국인들에게 주입하였고, 그 결과 성경은 한국 교회 안에서 절대적 권위를 차지하게 되었다.[8]

둘째, 초기의 선교사들 중 상당수가 무디에게 영향을 받았을 뿐만 아니라, 미국

---

8) 이덕주, "한국교회와 근본주의: 한국교회사적 입장," 『한국기독교사상』, 한국교회사학연구원 편 (서울: 연세대학교출판부, 1998), 24.

의 근본주의적 신학교에서 신학을 공부함으로써, 근본주의적 성향을 갖게 되었다. 이만열 교수가 분석한 자료에 따르면, 초창기 장로교와 감리교의 신학반**후에 평양신학교와 협성신학교로 각각 발전함**에서 가르친 교수들이 총 55명이었고, 그 중 한국인 교수 16명을 제외한 39명의 외국인 교수 가운데 33명이 미국인이었다. 장로교 선교사들 중 출신학교가 밝혀진 16명 가운데 7명이 프린스턴 신학교 출신이었다. 그런데 당시 프린스턴신학교는 벤자민 워필드와 그래샴 메이첸의 영향 하에 근본주의 신학의 요람으로 전성기를 누리던 때다.[9] 이런 상황에서 한국교회에 미국의 근본주의적 신학이 전수되고 깊이 뿌리를 내리게 되었음에 틀림없다. 이 정황을 이만열 교수는 이렇게 기록하고 있다.

> 이 같은 의미에서 한국 교회의 보수주의적 신학 및 신앙형성은 이들 미국의 보수주의 신학교 출신 선교사와 이들에 영향 받은 한국인 신학자들에 의해 이루어졌다고 말할 수 있다. 이 같은 현상으로 한국 신학의 경우 지나칠 정도로 미국 의존적인 경향을 띠게 되었고, 반면에 한국교회 자생력에 의한 신학형성이 부진할 수 밖에 없었던 원인을 여기서 찾아볼 수 있다.[10]

끝으로 선교사들이 가져온 근본주의적 신앙 및 신학은 한국의 신학교육을 통해 초기 한국의 목회자들과 신자들에게 깊이 각인되었다. 1920년대 장로교와 감리교의 신학반 교과과정을 연구한 이만열 교수에 의하면, 두 학교 모두 1년 2학기제, 3년 과정이었으며, 성경, 조직신학, 실용**실천**신학, 교회사기 등 네 부분으로 교과목이 편성되어 있었다고 한다. 이런 4개의 분과 중에서 두 학교 모두 성경과목이 압도적으

---

9) 이만열, 『한국기독교와 민족의식』 (서울: 지식산업사, 1991), 482-85.

10) Ibid., 486.

로 많았다. 3년 동안 성경 66권을 한번씩 읽고 공부하도록 교과과정을 만들었으며, 반면 성서원어나 현대적 의미의 성서신학은 전혀 강의하지 않은 것으로 보인다. 이 것은 한국 목회자들에 대해 고등교육을 거부했던 네비우스 정책과 함께, 초기 한국 교회의 신학교육이 기초적 수준, 혹은 근본주의적 차원에 한정되도록 하는 제도적 장치가 되었다. 다시 한번 이에 대한 이만열의 평가를 들어보자.

> 선교사들은 이처럼 신학교 및 신학교육을 장악함으로써 한국교회의 창조적인 신학형
> 성을 저해하였고, 그 결과 한국 기독교의 신학과 신앙은 그 형성초기부터 선교사 의존
> 적, 특히 선교사 대부분의 출신국인 미국 의존적인 성향을 갖게 되었다. 한국교회는 해
> 방 이후 최근까지도 자체의 성장에 비례하는 주체적인 신학을 갖지 못했다. 그리하여
> 기존의 보수신학에 근거하여 창조적인 신학운동에의 모색을 폐쇄하였거나, 해방 후 일
> 부 진보주의자들에 의해서 해외의 선진적인 신학을 수입 전달하는 것 등이 고작 한국
> 신학계의 풍도이었다. 그 이유의 하나는 한국 신학수립을 위한 학문적 바탕이 조성되
> 지 않았기 때문이었고, 그 책임의 중요한 부분은 선교사의 신학교육정책에 돌아가야
> 한다.[11]

결국 한국 개신교의 근본주의는 한국에 개신교를 선교한 미국 선교사들, 특별히 미국 개신교 근본주의의 영향을 강하게 받았던 인물들에 의해, 개인적으로 혹은 신학교육을 통해 조직적으로 이식된 것으로 보인다. 당시 선교사들이 한국교회를 향해 갖고 있었던 거의 절대적인 권위와 영향력 때문에, 한국인들은 거의 저항 없이 이런 흐름을 수용했고, 그것이 시간의 흐름 속에 제도적으로 초창기 한국교회의 신 앙적 정체성의 핵심을 구성한 것으로 사료된다.

---

11) Ibid., 491

2) 한국 개신교 근본주의화 과정

근본주의적 성향의 선교사들에 의해 한국에 전달된 미국 개신교 근본주의는 한국에서 30년대를 지나면서, 한국교회의 신앙의 요체로 내재화되기 시작했다. 이 근본주의의 내재화 과정은 두 가지의 경로를 통해 이루어졌다.

먼저, 1930대 동안 한국교회는 미국 기독교의 신앙교리를 거의 무비판적으로 번역하여, 한국교회에 적용하였다. 이런 과정을 통해 한국에 복음주의가 내재화되었음은 이론의 여지가 없어 보인다. 1930년대 한국의 대표적 교단들의 교리와 신조를 비교연구했던 이덕주 교수에 따르면, 장로교의 경우 성경의 권위에 대해, "新舊約 聖經은 하나님의 말삼이니, 신앙과 본분에 대하여 正確無誤한 유일의 법칙이니라"고 진술했고, 성결교의 경우는 "성경은 구원함에 필요한 모든 조건을 기록한 책이라 그럼으로 무엇이든지 성서에 기록되지 않고 혹은 성서에 증명되지 아니한 것은 마땅히 믿을 교리가 아니며 또한 구원함에 합당치 아니한 줄로 인정할 지니라."고 천명했다.[12] 이 두 교단 모두 성경의 완전영감과 무오류를 주장했던 근본주의와 동일한 입장에 서 있음을 확인할 수 있다. 이처럼 한국 교회의 초창기부터 미국 근본주의 신앙이 한국교회의 교리와 신앙고백으로 수용됨으로써, 이후 한국교회 내에는 근본주의적 요소가 강하게 작동하게 된 것이다.

이런 법적 장치 외에 한국 개신교는 신학의 진보적 경향을 교단적 차원에서 강력히 억제함으로써, 스스로 근본주의의 길을 견고하게 다져갔다. 대표적인 사건이 1934년에 발생한 '여권문제사건'과 '창세기 모세저작 부인사건' 그리고 '아빙돈성경주석사건'이었다. 이들 중 '여권문제사건'만 간략히 살펴보자. 진보적 성향의 일본 관서학원 신학부를 졸업한 김춘배 목사는 장로교 함남노회 22개 교회 여성들이 여성장

---

12) 이덕주, "한국교회와 근본주의," 27.

로직을 허락해 달라는 청원서를 총회에 제출하자, 이를 지원하기 위해 1934년 8월, 『기독신보』에 "장로교 총회에 올리는 말씀"이란 제목의 글을 기고했다. 그의 글 중에서 "여자는 조용하여라 여자는 가르치지 말라는 2천년 전의 일ㅡ 지방교회의 교훈과 풍습을 만고불변의 진리로 알고 그러는 것도 아닐터인데요"라는 구절이 문제가 되었다. 이에 대해 장로교 총회는 연구위원을 임명하여 일년간 조사한 후 보고케했다. 그 연구위원들은 보고를 마친 후, "이리게 성경을 경멸히 여기는 인물들은 성경을 하나님 말삼이요 신앙과 본분의 정확무오한 유일의 법칙으로 밋는 우리 장로교회에 교역자로 용납할 수 없나이다."라는 건의문을 제출했다. 결국, 김춘배 목사는 총회 전에 연구위원 앞으로 자신의 입장을 해명하고, 문제가 된 부분에 대해 취소함으로써 제명은 피할 수 있었다.[13] 그러나 이런 과정을 통해 장로교 내에서 근본주의는 더욱 확고한 권위를 확보하게 되었고, 이후 한국교회의 지배적 입장으로 널리 영향을 끼치며 뿌리를 내리게 되었다.

끝으로 주목할 부분은 한국 개신교회의 신앙적 정체성의 한 흐름을 결정지은 부흥운동을 통해 한국 개신교회의 근본주의적 성향이 대중화되었다는 사실이다. 그 대표적 예가 평양대부흥운동을 주도하며 한국 개신교의 대표적 지도자로 부상한 길선주 목사의 경우다. 그는 장로교 최초의 안수받은 목사 중 하나요, 장로교의 대표적 교회 중 하나인 평양 장대현교회의 담임 목사요, 세상을 떠난 1935년까지 일생을 부흥사로 전국을 누빈 사람이다. 그는 성경연구에 몰두하여, 요한계시록을 일만번 읽고, 요한일서를 500번 읽었다고 한다. 그는 성경을 통해 성경을 해석하는 방법을 사용했으며, 믿음을 지키기 위해선 말세를 알아야 한다고 생각하여, 종말론 연구와 설교에 집중했다. 그 결과 그의 부흥회는 계시록 강의로 유명했고, 『말세학』이란 종말론 연구서를 출판하기도 했다. 그는 이 책에서 말세의 징조들을 열거하면서,

---

13) 한국기독교연구소, 『한국기독교의 역사』 vol. II (서울: 기독교문사, 1991), 155-56.

이스라엘의 고난이 끝나는 때가 1974년이고, 2002년에 천년왕국이 지상에 시작될 것이라고 예언하기도 했다. 이처럼 성경에 대한 문자적 해석과 묵시적 종말론에 대한 절대적 신앙은 길선주 목사의 신학을 형성하는 토대가 되었으며, 그의 전국적 부흥회와 교단적 영향력을 통해 한국의 대중들에게 널리 유포될 수 있었다. 이런 측면에 주목한 유동식은 그의 저서『한국신학의 광맥』에서 길선주의 사상적 유형을 "보수적 근본주의 사상"으로 규정하면서, "그의 보수주의적 성서무오설과 말세론은 한국 근본주의 신학의 기초를 만들었다."고 결론을 내렸다.[14]

3) 한국전쟁과 근본주의

미국 선교사들에 의해 전수된 근본주의는 해방 후 한국전쟁을 거치면서 남한 기독교의 신앙적 정체성으로 더욱 확고히 뿌리를 내리게 되었다. 한국전쟁 이전까지 한국의 근본주의는 주로 성서무오설과 세대주의적 전천년설을 중심으로 신학적 태두리 안에서 전개되었으나, 한국전쟁을 거치면서 '반공주의'란 냉전 이데올로기를 축으로 재구성되면서 보다 전투적이고 정치적인 색채를 띠게 되었다.

사실 한국 기독교는 1920년대부터 공산주의와 갈등관계를 확대해 왔다. 1925년에 조선공산당이 창설된 이후, 공산주의자들은 기독교를 조직적으로 공격하고 방해했다. 공산주의자들의 반기독교적 활동은 국내뿐만 아니라 한국인 이주자들이 집단적으로 이주하여 살던 만주지역에서도 빈번하게 발생했다. 공산주의와 기독교 간의 이 같은 갈등관계는 해방 후 북한이 소련에 의해 점령되고, 김일성 정권이 들어서면서 더욱 심화되었다. 북한에서 공산주의에 동조하는 일부 목회자들에 의해 공산 정권에 대한 적극적 협조가 있었음에도 불구하고, 공산주의 유물론적 사고와 반종교적 철학, 그리고 북한의 지주들에 대한 무상몰수 무상분배 원칙의 토지개혁은 북

---

14) 유동식,『한국신학의 광맥』(서울: 다산글방, 2000), 71

한의 대다수 기독교인과 극단적 대립과 갈등을 초래했다. 결국 해방 전, 한국 개신교 인구의 70-80%를 차지하던 서북**평안도와 황해도** 출신 개신교인들이 대거 남하하는 사태를 가져왔다. 이것은 남하한 북한 출신 개신교인들에게 공산주의에 대한 부정적 이미지를 갖게 했으며, 이런 뒤틀린 이미지는 한국전쟁을 치르는 과정에서 돌이킬 수 없는 현실이 되고 말았다. 이 과정에서 한국 개신교인들의 보수적 신앙은 반공주의라는 징치 이데올로기와 결합하여, 대단히 전투적이고 거의 맹목적인 신앙직 · 신학적 색채를 보유하게 되었다.

한국 개신교와 반공주의 간의 역사적 관계를 연구한 강인철 교수에 따르면, 이런 개신교 근본주의자들의 반공주의는 "사탄론," "종말론적 성격," 그리고 "선민의식"과 결합하면서, "반공주의의 종교화" 과정을 거치면서 일종의 시민종교로 변해갔다고 한다. 개신교인들은 공산주의자들을 "악마의 대행자," "설복될 수 없는 마귀,"라고 규정하면서, "마귀와의 타협을 강요"하지 말 것을 요구하며, "마귀의 승리를 초래할 휴전"에 강력히 저항했다.[15] 또한 개신교인들은 악마적 공산주의 세력과 대결하라는 특별한 시대적 사명을 하나님께서 한국에 부여하셨다고 믿으면서, 자신들의 반공주의 신앙에 "선민의식"을 결합시켰다.[16] 뿐만 아니라 개신교 부흥사들과 개신교에서 파생한 신흥종교 지도자들은 한국을 "말세의 제사장국"으로 선포하고, 반공주의, 민족주의, 그리고 선민사상을 독창적으로 결합시켰다.[17] 결국, 이런 과정을 통해, 개신교 내에 반공주의가 깊이 뿌리 내리게 되었고, 동시에 교회의 벽을 넘어 '전全 사회적 수준'에서 개신교가 한국사회의 탁월한 반공세력으로 부각되었다.[18]

---

15) 김흥수, 『한국전쟁과 기복신앙 확산연구』 (서울: 한국기독교역사연구소, 1999), 63-4, 73. 강인철, 『한국의 개신교와 반공주의』 (서울: 중심, 2007), 68-9에서 재인용.

16) 강인철, 72.

17) Ibid., 73.

18) Ibid., 74-5.

물론 이 시기에 한국 개신교의 근본주의 성향은 WCC를 축으로 한 교단분열, 민중신학을 중심으로 한 진보신학의 출현, 종교다원주의 논쟁, 오순절운동 및 부흥운동 확산 등을 통해 근본주의의 신학적 특성을 강화시켜 갔다. 그러나 그 어떤 것도 한국전쟁을 통해 강화된 한국 개신교의 반공주의적 특성만큼 근본주의에 영향을 끼친 적은 없을 것이다. 결국 이 반공주의적 근본주의가 한국교회들이 신학 및 정치적 문제들을 바라보는 관점에 절대적 영향을 미침으로써, 한국 개신교 내에 근본주의적 성향을 심화시키는데 기여했다.

4. 한국 개신교 근본주의 특징

1) 신학적 근본주의

신학적 측면에서 한국 개신교 안에는 근본주의적 목소리가 여전히 강세를 보이고 있다. 이것은 대부분의 한국 개신교회가 성서영감론 및 성서무오설을 근거로 자유주의의 성서비평학에 대해 비판적 태도를 유지하고, 세대주의적 전천년설에 기초한 묵시적 종말론을 여전히 신봉하는 현실에서 분명히 드러나고 있다. 뿐만 아니라, 종교간의 대화에 대해 부정적 입장을 견고히 유지하면서 타 종교들과 갈등관계를 유지하고 있으며, 창조과학을 중심으로 진화론에 대해 거의 맹목적 반대입장을 고수하는 점에서 뚜렷이 드러난다. 여기서는 성서무오설과 묵시적 종말론에 대한 부분만 살펴보도록 하자.[19]

먼저, 현재에도 대다수의 한국 교회들은 성서무오설을 절대적으로 신봉하면서,

---

19) 성서영감설과 묵시적 종말론 외에, 종교다원주의에 대한 강한 거부감과 창조론에 근거한 진화론 반대도 한국 개신교의 신학적 근본주의의 중요한 특징이다. 한국 개신교 근본주의의 종교적 배타성에 대해서는 이원규, 『한국교회 어디로 가고 있나』 (서울: 대한기독교서회, 2000)의 제6장 "한국교회의 종교적 배타성"을, 진화론에 대한 비판적 태도에 대해서는 『복음과 상황』 제210호 (2008년 4월)에 실린 창조론과 진화론 간의 논쟁에 대한 4편의 글들을 참고하시오.

성서비평학에 대해 비판적 태도를 견지하고 있다. 한국의 대표적 교단 중 하나인 대한예수교장로회총회합동은 교단총회 홈페이지의 "신앙의 뿌리" 코너에서 자신들의 신학적 입장을 다음과 같이 천명하고 있다.

> 우리의 신학적 입장은 "수정되지 않은 칼빈주의"라는 표현이 적합할 것이다. 구 프린스턴 신학자들이 자신들의 신학적 정체성을 이야기할 때마다 자신들은 구 칼빈주의를 계승한다고 고백하였던 것처럼, 본 교단은 수정되지 않은 정통 칼빈주의를 교단의 신학적 입장임을 천명하고 있다. 이것은 성경의 절대적 권위를 존중하면서 웨스트민스터 신앙고백에 포함되어 있는 역사적 개혁주의 신앙고백을 계승하는 것을 의미한다.[20]

여기서 강조하는 "구칼빈주의"과 "구프린스턴신학"은 성서무오설을 교리적으로 완성하여 미국 개신교 근본주의의 신학적 토대를 제공한 19세기 중반의 프린스턴 신학을 말한다. 다시 말하면, 예장 합동은 적어도 성서의 영감과 권위 면에서 근본주의 전통에 서 있음을 공개적으로 선언한 것이다. 이런 입장은 대부분의 장로교회[21]와 성결교회[22], 그리고 오순절 교단들이 공유함으로써, 결국 소수의 진보적 교단들을 제외하고 한국교회는 대체로 근본주의적 성서관을 고수하는 것으로 보인다.

둘째, 근본주의 신학을 구성하는 중심축의 하나는 세대주의적 전천년설이라는 묵시적 종말론이다. 전통적으로 근본주의자들은 이런 종말사상에 근거해서 인류

---

20) http://www.gapck.org/sub_01/sub06_01.asp (2008년 4월 6일 검색)

21) 또 하나의 대표적 장로교 교단인 통합 측은 헌법 "제2부 신조"에서 "신구약성경은 하나님의 말씀이니 신앙과 행위에 대하여 정확 무오한 유일의 법칙이다"라고 분명히 적시하고 있다.

22) 기독교대한성결교회의 헌법에는 성경에 대해, "우리 교회의 경전은 성경전서, 곧 구약과 신약이니 이 경전은 하나님의 계시를 받은 자들이 영감에 의하여 기록한 것인즉 이를 하나님의 말씀으로 믿나니 성경은 모든 사람을 구원하기에 넉넉하므로 무릇 성경에 근거하지 않은 신학설(神學說)이나 여하한 신비설이나 체험담은 신빙할 수 없으며 이런 것을 신앙의 조건으로 하거나 구원의 필요로 함을 배격한다."라고 천명하고 있다. 기독교대한성결교회, 『헌법』 (서울: 기독교대한성결교회 출판부, 2007), 10.

의 미래에 대해 극단적으로 비관적인 견해를 고수했고, 그 연장선상에서 일체의 사회개혁이나 참여에 대해 부정적 입장을 고수했었다. 이점에서 한국 개신교회도 유사한 전통을 보존해 왔다. 대부분의 한국 개신교회는 세대주의적 전천년설을 자신들의 종말론으로 신앙하고 있다. 특히 성결교회와 오순절교회처럼 성령운동을 주도하는 그룹들이 묵시적 종말론을 강조한다. 한국 개신교회가 묵시적 종말론의 영향 하에 있다는 구체적 증거로 1992년 10월 28일에 예수의 재림을 예언했던 "다미선교회 사건"을 들 수 있다. 비록 그 단체가 시한부종말론을 주장했고, 또 헤프닝으로 끝나고 말았지만, 그런 사이비적 종말운동이 사회적 파장을 일으킬 정도로 세력을 확장할 수 있었던 것은 한국 개신교인들 내에 암묵적 승인 혹은 동조가 존재했기 때문이다. 이점은 한국전쟁 이후 수많은 천년왕국운동이 발생했고, 그 대부분이 개신교 계열에서 기원한 사실을 통해 또한 확인될 수 있다.[23] 결국 한국교회 초기부터 선교사들을 통해 전수된 근본주의적 종말사상은 근현대사의 질곡을 통과하며 한국의 특수한 민족주의와 조우하면서 다양한 형태로 분출되었다. 이런 역사적 사실 자체가 한국 개신교 내에서 근본주의적 종말론이 얼마나 강력하게 뿌리내려 왔는가를 반증해 준다. 이 사실을 노길명 교수는 이렇게 설명했다.

> 한국사회에서 천년왕국운동은 그리스도계 신종교운동으로 전개되었다. 이 운동은 기본적으로 한-국 근현대사의 체험과 미국 개신교의 신앙유형, 그리고 선교사들의 선교정책이 결합되어 나타난 현상이었다. 즉, 민족의 수난과 고통으로 점철된 근현대사 속

---

23) 이원규 교수가 2000년에 제시한 자료에 의하면, 문화관광부가 조사한 당시 국내의 시한부종말론 추종자는 모두 15만 명에 이르며, 종말론을 신봉하는 신흥종교 집단은 200여 개나 되는 것으로 알려졌다. 또한 최근의 대표적 시한부 종말론 집단은 이장림의 다미선교회, 권미나의 성화선교회, 하방익의 디베라선교회, 전양금의 다니엘선교회, 이재구의 시온교회, 오덕임의 대방주교회, 유복종의 혜성교회, 이재록의 만민중앙교회, 공명길의 성령쇄신봉사회, 이현석의 한국기독교승리재단, 이천성의 한국중앙교회, 공용복의 종말복음연구회 등이다. 이원규, 『한국교회 어디로 가고 있나』, 339-340.

에서 민중은 낡은 질서의 종말과 새로운 질서의 도래를 강조하는 미국의 개신교 신앙 흐름에 친화성을 지니게 되었으며, 여기에 덧붙여 교회사를 민족사와 분리시키는 서구 선교사들의 선교 정책에 대한 반발이 기성 교회와는 다른 새로운 종파 운동으로 나타 나게 되었던 것이다.[24]

2) 문화적 근본주의

한국 개신교의 근본주의적 성향은 윤리적 차원에서도 뚜렷하게 나타나고 있 다. 청교도의 엄격한 윤리적 이상을 이어받은 미국의 근본주의는 음주와 흡연에 대 한 배타적 거부감, 성과 결혼에 대한 보수적 규범, 동성애에 대한 혐오감, 여성에 대 한 차별의식 등을 강조해 왔다. 이런 보수적 윤리의식은 한국 개신교 내에서도 동일 하게 막강한 영향력을 행사하고 있다. 사회의 근대화와 세속화가 급속히 진행되면 서, 이런 윤리적 기준이 강제력을 상실하고 강단의 설교만으로 그 힘의 범위가 축소 되는 듯 하지만, 여전히 한국 개신교의 제반 영역에서 이런 보수적 윤리는 보수적 기 독교의 신앙적 정체성의 핵심적 규범으로 자신의 위치를 견고하게 지키고 있다. 여 기서는 금주 금연 문제만을 좀더 상세히 다루고자 한다.

음주와 흡연에 대해서 한국교회는 거의 일방적으로 반대하는 입장을 취하고 있다. 비롯 몇 개의 진보적 교단들이 암묵적으로 음주흡연을 묵인하는 경우가 있지 만, 한국 개신교인들 대부분은 금연과 금주를 자신들의 신앙적 정체성 및 신앙적 순 수성의 척도로 생각하는 경향이 강하다. 동시에 개신교의 전도과정에서 가장 걸림 돌이 되는 것도 개신교의 엄격한 금연금주 문화이며, 동시에 개신교 스스로 자신들 이 한국 사회에 끼친 가장 큰 윤리적 공헌 중 하나도 금연금주문화의 확산이라고 생

---

24) 노길명, 『한국의 종교운동』 (서울: 고려대학교출판부, 2005), 197-98.

각한다. 이에 대해 평양대부흥운동을 연구했던 박용규 교수는 한국 개신교 초창기의 모습을 이렇게 정리했다.

> 부흥운동이 저변 확대되면서 축첩과 조혼 노비제도가 교정되고, 노름, 음주, 흡연에 빠져 있는 이들이 교회라는 신앙의 공동체 속에서 새롭게 거듭나고, 결혼 관계도 정상적으로 회복되었다. "누구든지 그리스도 안에 있으면 새로운 피조물"이라는 바울 사도의 고백이 부흥운동의 현장에서 목도되었던 것이다. 황해도 해주읍교회에서는 부흥운동 기간에 아편에 중독되어 거의 죽게 된 이들이 "쥬의 말삼을 듯고 밋은 후에 그 죄를 원통이 너겨" 아편을 끊고 고치는 역사까지 있었다.[25]

이런 금주금연에 대한 보수적 전통은 최근에도 큰 변화 없이 계속 강조되고 있다. 물론, 근래에 들어, 점점 더 많은 개신교인들이 현실적으로 완벽하게 금연과 금주를 실천하고, 또 배타적으로 성서에 근거하여 이런 주장을 강요하는 것이 용이하지 않다는 사실을 인식하고 있다. 하지만, 보다 거시적이고 합리적인 차원에서 금연과 금주의 당위성을 요구하는 목소리가 금연과 금주의 전통을 더욱 강하게 요구하고 있다. 장로회 신학대학교의 임성빈 교수가 쓴 다음 글은 이런 흐름을 대표한다고 생각한다.

> 사실 오늘날 술 담배 문제가 아니더라도 우리 교회가 관심을 가져야 할 사회적 분야 및 문제들이 산적해 있는 형편이다. 그렇기 때문에 어떤 이들은 지금이 술 담배를 놓고 이야기할 때냐고 조소를 보내기도 한다. 그러나 21세기를 책임질 우리 청소년들의 육적 영적 건강을 직간접적으로 위협하는 요소들이라는 점에서, 또 가임여성의 음주, 흡연

---

25) 박용규, 『평양대부흥운동』 (서울: 생명의 말씀사, 2005), 477.

율 급증이 태아의 건강을 크게 위협한다는 측면에서, 한국사회의 정신문화와 직장생활의 구조 및 기업문화 전반에 미치는 파괴적 영향력의 측면에서, 한국교회는 술담배의 문제를 새롭게 정리해야만 한다. 술담배를 둘러싸고 벌어지기 쉬운 교리적 문제는 여기에서 우리의 일차적 관심이 아니다. 우리가 지금, 여기에서 술담배 문제를 논하는 우선적 이유는 그것이 한국땅에서 기독교인으로 사는 것과 사회적 책임을 다해야 한다는 상황에 비추어 매우 중요한 문제들 중의 하나라는데 있다.[26]

금주와 금연에 대한 한국 개신교의 오랜 전통은 헌법상에 신자들의 생활에 대한 의무사항으로 규정하여, 신자들에게 장려하고 있다.[27] 이 문제를 바라보는 현실적 시각이 변하고, 그러므로 이 문제의 정당성을 설득하는 학문적 근거들도 보다 현실적이고 구체적이 되는 경향을 띠지만, 주초에 대한 보수기독교의 근본주의적 태도는 원칙적으로 계속되는 것 같다.

3) 정치적 근본주의

전통적으로 묵시적 종말론에 근거하여 정치에 무관심했던 미국의 근본주의는 1970년대를 기점으로 미국 정치의 뜨거운 감자로 부상하기 시작했다. 그들은 유대인들을 축으로 한 네오콘과 더불어 미국의 정치적 보수주의를 주도하는 강력한 정치세력으로 맹위를 떨치고 있다. 이런 미국 근본주의처럼 한국의 개신교 근본주의도 최근 강력한 정치세력으로 떠오르고 있다. 한국 개신교회가 보수적 정치세력으로 한국 정치계에 영향력을 행사하게 된 것은 몇 가지 단계로 나누어 살펴볼 수 있

---

26) 임성빈, "기독교 윤리적 관점에서 본 술 담배," http://news.beautifulkor.com/post_41.html (2008년 4월 6일 검색)

27) 기독교대한성결교회의 경우, 술과 담배 문제에 대해 다음과 같이 헌법 "제27조 건덕생활"에 다음과 같이 명시하고 있다. "바. 관습상으로나 사교상으로나 신앙생활에 유해하며 타인에게 부덕 되는 환각제 및 주초 등의 행위는 하지 않아야 한다." 기독교대한성결교회, 『헌법』, 21.

다.

첫째는 한국전쟁을 전후로 한국의 기독교가 반공주의의 첨병으로 떠오르게 된 것이다. 위에서도 이미 언급했듯이, 해방 전 한국기독교의 70-80%를 차지하고 있던 북한의 기독교인들은 해방과 함께 북한을 점령한 공산당과 첨예한 갈등관계를 형성하게 되었고, 한국전쟁을 전후로 대거 남하하였다. 그들 중 일부는 단지 기독교를 반대하는 공산주의의 무신론적 유물론에 대한 저항으로, 일부는 북한의 토지개혁을 통해 재산을 몰수당하는 경제적 손실 때문에, 어떤 이들은 이런 이유들이 중첩되면서 남하하였고, 이후 공산주의에 대한 극도의 반감을 갖게 되었다. 이들은 남하하여 남한에서 반공주의의 요새로 기능하게 되었는데, 그들의 반공사상이 반공을 내세운 군부독재 세력들과 밀월관계를 형성하게 하는 내적 요인으로 작용했을 뿐만 아니라, 군부독재의 파행적 통치에 대해 묵인하거나 혹은 간접적으로 옹호하는 기능을 했다. 1970년대에 들어 일부 진보적인 기독교인들이 독재정권에 대해 반대하는 모습을 보였으나, 반공에 대한 기본적 입장에는 보수와 진보 사이에 큰 차이가 없었다. 하지만 1988년에 한국기독교교회협의회KNCC가 "민족의 통일과 평화에 대한 한국기독교회 선언"을 발표함으로써 북한에 대해 전향적 태도를 보이자, 한국의 개신교 그룹은 분열되기 시작했다. 그러나 이런 분열 속에서도 개신교가 한국사회의 반공의 기수로서 담당하는 역할과 위치에는 변함이 없었다.[28] 금란교회 김홍도 목사가 2003년 3월,『월간조선』과의 인터뷰에서 한 다음의 발언은 현재 한국 개신교회와 반공주의 간의 명백한 운명을 적나라하게 보여준다.

노태우 대통령 후반기부터 10년이 넘도록 우리나라에서 반공교육이 이뤄지지 않고 있

---

28) 한국 개신교회와 반공주의의 운명적 관계에 대한 역사적 서술 및 분석을 위해서는 강인철,『한국의 개신교와 반공주의』, 57-93을 참조하시오.

습니다. 지난 5년 동안 미(未) 전향 간첩까지 북한으로 보냈습니다. 북한은 기를 쓰고 적화공작을 하는데 대한민국은 반공교육을 안하고 있습니다. 친공적인 좌경교사들이 학생들에게 미국에 대한 적개심을 불어 넣고, 북한을 좋아하도록 세뇌공작을 계속하고 있습니다. 김정일 정권은 사탄의 정권입니다. 무신론 사상으로 하나님 대적하고 교회를 파괴했습니다. 사탄의 정권이 빨리 무너져야 합니다.[29]

둘째, 직접적인 정치참여를 자제해 왔던 보수적 개신교회가 한국 개신교 내의 진보그룹에 대항하기 위해 조직을 구성하면서, 한국의 정치현장에 본격적으로 뛰어들기 시작했다. 그 신호탄은 1989년 12월 28일 한국기독교총연합회**한기총**가 창립된 것이다. 한기총은 창립 취지문에서 "바라기는 모든 개신교 교단과 개신교 연합단체 및 교계 지도자들이 한국기독교총연합회에 참여하여 연합과 일치를 이루어 교회 본연의 사명을 다하는 데 일체가 될 것을 다짐한다"고 밝혔으나, 이후 그들은 국내외 정치의 민감한 사안에 대해서 자신들의 입장을 발표하며, 또 대선과 사학법개정 등에 대해서는 적극적으로 반대입장을 표명하고 시위를 주도함으로써 보수 기독교의 주도적 정치세력으로 기능했다.[30] 한기총 외에도 2004년에는 한국기독당이라는 정당이 조직되어 총선에 참여했다. 하지만 기독당은 "결국 지역구에서 모두 참패하고 정당 투표에서도 1.1퍼센트인 228,798표를 얻는데 그쳐 단 한 명의 당선자도 내지 못했다."[31] 그러나 이 기독당은 2007년 대선을 앞두고 '기독민주당'으로 재건되었고, 청교도영성훈련원의 전광훈 목사가 조직한 '사랑실천당'과 합당하여, '기독사랑실천당'으로 재조직된 후, 2008년 4월 총선에 참여하고 있다. 뿐만 아니라, 2004년 총선 이

29) Ibid., 17에서 재인용.

30) 김지방, 『정치교회』(서울: 교양인, 2007), 158-86.

31) Ibid., 207-22.

후 참여정부와 열린우리당의 이념노선에 반대하는 보수적 인사들 중 40대의 젊은 인사들을 중심으로 "뉴라이트" 운동이 시작되었고, 이 운동에 기독교가 중요한 축을 형성하게 되었다. 특별히 김진홍 목사 주도 하에 '뉴라이트전국연합'이, 서경석 목사를 축으로 '기독교사회책임'이 출범함으로써, 기독교적 뉴라이트 그룹이 구체적으로 형성되었다. 이들은 예전에 반독재투쟁 경험을 공유하고 있으나, 기본적으로 자유민주주의와 자본주의 이념을 신봉함으로써, 근본주의적 정치이념을 확고히 견지하고 있다.[32]

끝으로, 한국 개신교회가 2007년 대선에서 이명박 후보를 전폭적으로 지지하면서 한국 정치의 중심부에 화려하게 진출한 것이다. 이명박 후보가 개신교회 장로라는 신분에 주목하면서, 대부분의 한국 개신교회와 신자들은 '장로대통령 만들기 프로젝트'에 전력투구했다. 이명박 후보는 선거기간 내내 전국의 주요 교회들을 방문하여 자신의 신앙을 간증함으로써, 교회와 교인들을 자신의 주요 표밭으로 확보하는데 성공했고, 그 결과 "간증정치"라는 신조어를 만들어 내기도 했다. 한기총과 뉴라이트, 그리고 전국의 기독교인들은 그에게 절대적 지지를 공개적 비공개적으로 표현했고, 교회 강단마다 이명박 후보에 대한 지지를 호소하는 설교가 조직적으로 행해졌다. 당시의 노무현 정권을 친북, 친공, 반미, 좌파세력으로 규정하면서, 이명박 후보의 당선을 웅변적으로 호소했던 금란교회 김홍도 목사의 설교는 당시 이런 상황을 대변해 준다.

하나님의 백성이 내밀 수 있는 최후의 카드는 금식 기도입니다. 전자 개표기 조작이나 부정선거를 통해서나 친북, 친공, 반미, 좌파 세력이 정권을 잡아 적화 통일을 획책하지 못하게 해야 되겠습니다. 친북 좌파 세력은 이명박 씨를 대선에 못 나오게 하고 다음에

---

32) Ibid., 190-91.Ibid., 190-91.

는 박근혜 씨를 잡으려 들 것입니다. 기왕이면 예수님 잘 믿는 장로가 되기를 기도해야 겠고, 아니면 박근혜 씨라도 되도록 기도해야겠습니다. 이 위기를 맞이하여 '구국금식 기도'를 선포하는 하입니다. 3일이 어려우면 하루라도, 아니면 하루 한두 때씩이라도금 식하여 붉은 용(좌파)의 세력이 이 땅을 짓밟지 못하게 해야겠습니다......적화통일 되어 공산치하에서 신앙생활 못할 바에는 죽는 것이 더 나을 것입니다. 할렐루야![33]

4) 경제적 근본주의

미국의 근본주의자들은 자본주의적 시장경제를 옹호하는 공화당과 밀접한 동 맹관계를 유지하고 있다. 그들은 자신들의 보수적 신앙 및 윤리 외에 애국주의와 자 본주의적 시장경제를 지지함으로써, 공화당의 든든한 정신적·정치적 후원세력이 되 고 있는 것이다. 현재 미국 근본주의의 이런 성향은 한국 개신교 내에도 유사한 모습 으로 재현되어 왔다. 특별히 국민일보의 김지방 기자의 분석대로, 해방 이후 반공주 의로 무장한 한국 개신교인들은 반공주의를 단순한 정치 이념의 차원을 넘어 자신 들의 신앙의 일부로 자연스럽게 수용함으로써, 친 자본주의적 성향을 띠게 되었다. 한국의 보수적 기독교인들에게 자본주의는 반공주의처럼, "단순한 경제 시스템이 아니라 신앙적인 차원의 선택으로 인식됐다."[34]

그러나 한국 교회와 자본주의의 관계는 한국전쟁을 거치면서 왜곡된 형태로 발 전하게 되었다. 목원대학교 김흥수 교수의 분석에 따르면, 한국전쟁을 통해 정신적, 물질적으로 황폐진 한국사회에 미국의 원조물자가 유입되고, 용문산의 나운몽 장 로를 필두로 한 부흥운동이 전국적으로 확산되면서 한국교회에 물질주의적 기복주

33) 김지방, 110-11

34) Ibid., 32-3.

한국 개신교회와 근본주의 _ 배덕만   67

의 신앙이 확산되었다고 한다. 평소 청빈을 신앙의 덕으로 실천하며 빈곤의 아픔을 영성의 토대로 적극 수용했던 목회자들이 해외원조물자의 에이전트 역할을 하면서 자본의 단물을 맛보면서, 순수한 신앙이 변질되기 시작했다. 동시에 영적 각성과 삶의 윤리적 변화를 추구하던 전통적 부흥운동이 물질적 보상을 축복의 현실적 내용으로 전파하기 시작하면서, 한국교회 신앙의 본질을 왜곡하기 시작했다는 것이다.[35] 결국, 이렇게 형성된 물질주의적 기복신앙은 1970-80년대를 거치면서, 새마을운동과 경제개발계획으로 대표되는 한국의 급속한 경제성장과 여의도순복음교회를 통해 상징되는 오순절운동의 급속한 확산, 그리고 미국의 교회성장학이 한데 어울려 한국교회의 급성장과 대형화를 초래했다. 결국, 이런 급속한 경제성장과 기복주의, 그리고 교회의 대형화는 한국교회와 자본주의 간의 관계를 더욱 단단히 결속시키되, 그 내용과 질 면에서, 막스 베버가 말한 소위 "천민 자본주의"적 속성을 노출시키고 말았다.[36]

한국교회의 천민 자본주의적 특성에 대해서 경상대의 백종국 교수는 사제주의, 물량주의, 반지성주의를 그 주요 특징으로 지적했다. 그에 따르면, 사제주의의 구체적 증거로, 목사들이 세속적 복을 빌어주는 무당으로 간주되는 현상, 대형교회 담임 목사직의 세습 현상, 기독교 총회의 금권선거 등을 들었다. 이어서 물량주의의 경우, 성장에 대한 과욕으로 신유, 방언, 교회건축을 수단화하고, 교회재정사용내역에서 경상비와 건축비에 과다 투자하여, 선교비와 구제비는 거의 전무한 수준으로 위축되고 있으며, 교회에서 재직들을 임명하는 과정에서 무리한 헌금을 요구하는 사례 등을 증거로 열거했다. 끝으로, 반지성주의의 사례로는 한국교회가 지나치게 근본주의 신학과 성령운동에 영향을 받아, 교회의 세속화와 신비주의화에 대한 맹목적 추종

---

35) 김흥수, 『한국전쟁과 기복신앙 확산연구』를 참조하시오.
36) 이원규, 『한국교회 어디로 가고 있나』, 256-75.

을 정당화했다고 지적한다.[37]

이런 한국 개신교회의 천민 자본주의적 특성은 황호찬 교수가 한국경제와 한국교회의 유사점을 비교한 다음의 도표에서 요약적으로 잘 드러나고 있다.

	한국경제	한국교회
발전주체	재벌중심	대형교회중심
재무구조	차입경영	차입경영
	고정자산의 과대투자	건물증축, 건물유지비증대
발전모형	외형중심	외형중심
	문어발식 경영	교인의 수평적 이동
핵심문제	기술낙후, software 낙후	내실부족, software 낙후
	고비용/저효율	인건비 과다지출
상호협조	기업간 과다경쟁	교단간 과다경쟁
	개교회중심	
효율성	중복투자로 비효율성	중복사업으로 비효율성
자립도	중소기업의 미자립	중소교회의 미자립

[황호찬, "IMF와 한국교회의 대응방안," 『복음과 상황』, 1998년 2월]

현재 한국교회는 세계에서 가장 큰 교회들을 보유하고, 미국 다음으로 많은 선교사들을 해외에 파송하며, 매년 엄청난 비용을 들여 많은 청년들을 "단기선교"란 명목 하에 선교지에 보내고 있다. 뿐만 아니라 이전 정권의 대북지원과 분배 중심의 경제정책을 친북 좌파 정권이란 명목 하에 맹렬히 비난했고, 사학법 개정을 둘러싸

---

37) 백종국, "한국의 천민자본주의와 기독교," 『한국교회와 정치윤리』, 이상원 편저 (서울: SFC 출판부, 2002), 218-226.

고 정부와 생사의 싸움을 벌이기도 했다. 이 모든 현상들은 한국 개신교회가 얼마나 자본주의적 환경에 탁월하게 적응했으며, 그 문화의 중심부에 도달했는지를 가늠케 한다. 그러나 불행히도 교회 내외에서 들려오는, 또 보여지는 모습은 막스 베버가 자본주의와 개신교의 관계를 분석하며 가장 경계했던 천민자본주의의 징후**상업적 행위를 통한 이윤추구, 정치적 종교적 제도화를 통한 독점구조 강화, 독점적 사회계층 추구**를 그대로 노출하고 있다. 미국의 대표적 근본주의자인 팻 로버트슨이 자국의 이익에 집착하여, 제3세계 원조를 강력히 비판하고, 미국의 사회복지제도를 공산주의의 잔재로 부정하며, 미국 위주의 제국주의적 경제구조를 영구화하려던 독선적 모습이 한국교회 여기저기서 발견되는 것 같아 마음이 어둡다.[38]

5. 결론: 비판적 제언

먼저, 신학적 차원에서 한국 개신교회는 성경에 대한 자신들의 존경과 신뢰의 전통은 계속 유지하되, 변화된 교회와 신학의 환경들을 정직하게 직시하고, 보다 신중하고 책임 있는 신학활동에 적극적으로 참여해야 한다. 현재 우리 앞에는 포스트모더니즘에 의한 독점적 권위 해체, 강력한 성령운동을 통한 새로운 종교문화 출현, 전통적 가족 개념과 윤리의 붕괴, 냉전의 해체와 글로벌주의, 문화적·종교적 다원화 현상, 자연과학의 발전과 환경문제 등, 단지 성경에 대한 평면적 독서, 문자적 해석, 그리고 교조적 해법적용으로 풀 수 없는 난제들이 산재해 있다. 이런 맥락에서 성서, 역사, 타종교, 과학과 문화에 대해 종전의 전통적 입장을 배타적으로 강요하거나 반복하는 것은 바람직하지 않으며 현실적으로 적절하지 않고, 윤리적으로도 무책임한

---

38) 팻 로버트슨의 근본주의 신학이 그의 윤리와 정치 사상에 미친 영향에 대해서는, 배덕만, "오순절-은사주의 운동의 새로운 한 모형: 팻 로버트슨(Pat Robertson)을 중심으로," 『역사신학논총』 제9집 (2005): 88-110을 참조하시오.

것이다. 따라서 근본주의 진영은 변화된 상황에 대한 정직한 인식과 판단을 근거로, 다양하고 급박한 신학적 난제들을 보다 개방적이고 책임 있는 태도로 연구하고 대화하고 대안을 제시하도록 노력해야 할 것이다.

둘째, 윤리적 차원에서 한국 개신교는 근본주의의 한계를 겸허하게 반성하고, 진정한 윤리 세력으로 거듭나야 한다. 음주 흡연 문제, 성과 결혼 문제, 동성애와 여성의 권리 면에서 이들의 입장이 종전과 비교해서 상당한 정도로 진보해 온 것이 사실이다. 하지만 원칙과 적용 면에서 전통적 입장을 여전히 고수하고 있는 것도 엄연한 현실이요 명백한 사실이다. 원론적으로 본 연구자는 이런 보수적 윤리가 한국 사회와 교회에 끼친 긍정적 영향을 대단히 높이 평가한다. 전통적 가치관이 무너지면서 문화적 아노미 상황에 빠지고 있는 현재의 한국사회 내에서 윤리적 기준을 엄격히 제시하는 목소리가 반드시 존재해야 한다. 이런 차원에서 그 동안 한국 개신교의 근본주의 진영은 이런 역할을 탁월하게 수행해 왔다고 생각한다. 그러나 원칙을 제시하는 것과 책임적 모범이 되는 것은 다른 문제이다. 현재 한국교회가 다양한 차원에서 위기의식을 느끼고 또 비판의 대상이 되는 중요한 이유 중 하나는 그들이 제시한 윤리적 규범과 교회에서 터져 나오는 각종 스캔들 간의 부조화 현상 때문이다. 교회에서 금주와 금연을 강조하지만, 현실적으로 상당히 많은 그리스도인들이 암암리에 흡연과 음주를 즐기고 있음은 공공연한 사실이다. 동시에 교회 목회자들을 중심으로 터져 나오는 각종 성적 스캔들, 신자와 불신자 사이에 이혼율의 차이가 없다는 부끄러운 현실, 사회적 소수자들에 대한 사회의 변화된 인식과 이에 대한 축적된 학문적 결과물들을 충분히 고려하지 않은 채, 종전의 원론적 입장을 무책임하게 반복하는 교권 등은 정작 그들이 제시하고 보존하려 노력하는 윤리적 가르침을 스스로 붕괴시키는 암적 요소로 작용하고 있다. 이런 면에서 "남의 눈에 있는 티끌"을 지적하기 전에, "자기 눈에 있는 들보"를 먼저 꺼내는 도덕적 반성과 결단이 선행되어야 할 것이다.

셋째, 정치적 차원에서 한국의 보수적 개신교는 특정 이념의 맹목적 지지세력이란 배타적 자리에서 내려옴과 동시에 불같이 타오른 정치적 욕망의 덫에서 빠져 나옴으로써, 교회에 맡겨진 본래의 자리, 즉 한국사회를 향한 비판적 예언자의 자리로 속히 복귀해야 한다. 그 동안 한국교회가 반공주의를 토대로 친 자본주의적, 친미적, 그리고 친 기업적 정치세력으로 기능해 온 것은 역사적으로 충분히 납득할 수 있다. 그들이 겪었던 공산주의에 대한 부정적 역사경험 때문에, 그들은 성서를 객관적으로 읽을 수 없었고, 사회와 교회를 향해 포괄적이고 총체적인 해법을 제시할 수 없었다. 결국 그들은 지난 50여 년간 일반적 보수세력과 결합하여, 진보정권에 대한 가장 강력한 저항세력으로, 동시에 보수진영에 대한 가장 충성된 지원세력으로 막강한 힘을 과시해 왔다. 그러나 이런 현상은 한국의 역사발전에 심각한 걸림돌이요, 반드시 극복해야 할 민족적·신앙적 트라우마이다. 어떤 의미에서도, 한반도의 평화와 통일은 분리되어 생각될 수 없으며, 이런 점에서 북한정권에 대한 뿌리깊은 적대감과 반공주의는 성서적 차원에서, 예수 그리스도의 시각에서 심각한 재조명 혹은 재평가 작업이 한국 보수 기독교 내에서 이루어져야 한다. 동시에, 온갖 이유와 근거 속에 분열된 이 민족을 위해 교회가 특정 이념의 파수꾼이나 특정 세력의 친위대로 몰려 다니기 보다는, 신뢰할 수 있는 제사장과 통찰력 있는 예언자의 사명을 충실히 감당 하기 위해 현실 정치와 적절한 공간을 확보해야 한다. 이를 통해 교회가 '분열과 갈등의 촉매'라는 오명을 떨쳐버리고, '통합과 상생의 매체'로 기능하도록, 교회 본연의 자리, 즉 '그리스도와 십자가, 그리고 복음'의 자리로 돌아가야 한다.

끝으로, 경제적 차원에서 한국 개신교회는 한국사회와 교회에 만연한 타락한 자본주의를 극복하기 위해, 예수 그리스도와 초대교회의 정신을 회복해야 한다. 성경은 부자가 천국에 들어가는 것이 낙타가 바늘구멍을 통과하는 것보다 어렵다고 경고했다. 하나님과 재물을 겸하여 섬길 수 없으며, 돈이 일만 악의 뿌리라는 성서의 엄중한 가르침을 모르는 신자는 없다. 오병이어의 기적이 한 꼬마가 이웃들을 위해 포기한 작은 도시락에서 기원했고, 거지 나사로를 돌보지 않았던 부자가 지옥에 갔다는 이야기는 복음서가 우리에게 들려주는 하늘의 진리이다. 성령강림을 통해 형성된 초대교회에서 신자들은 함께 떡을 떼고, 물건을 통용했다. 이것이 바로 우리가 꿈꾸는 초대교회의 실체가 아니던가! 그러나 그 동안 한국의 보수 기독교회는 성장신화 속에 부익부빈익빈 현상을 강화해 온 한국형 자본주의 체제에 무비판적 지지와 맹목적 정당화를 충실하게 제공해 왔다. 소외 받는 노동자 보다는 자본가의 입장을 배타적으로 옹호하고, 연약한 중소기업보다는 공룡 같은 대기업에 러브 콜을 보내왔다. 분배보다는 성장에 손을 들어주었으며, 나눔과 섬김보다는 성장과 확장에 몰두해 왔다. 그 결과 한국사회에 천민자본주의가 고개를 들고, 교회는 그 체제의 탁월한 수혜자로 풍요로운 혜택을 누려 왔다. 하지만 한국 교회가 천민자본주의 나무에서 따먹은 열매는 생명수가 아니라 금지된 선악과였다. 교회의 모든 전통, 신학, 그리고 목회 전반이 기복, 배금, 성장, 대형, 일등이란 마법에 걸려, 그리스도도 십자가도 그리고 복음도 그 빛을 잃어가고 있다. 한국 교회가 이 문제를 지금 당장, 그리고 스스로 해결하지 않는다면, 즉, 교회 내에서 장사꾼들과 환전상들을 단호하게 쫓아내지 않는다면, 재림한 주께서 그들을 향해 분노를 폭발하시고 거칠게 그들을 쫓아내실 것이다. 그리고 그들이 지은 거대한 성전을 다시 허물고, 당신의 몸으로 그 성전을 "만민이 기도하는 집"으로 다시 지으실 것이다. 교회에서 맘몬을 축출하고, 성령의 전으로 환골탈태하는 것, 현재 한국 보수적 개신교회가 당면한 가장 어려운 시험문제이다.

3장

21C 한국자본주의의 변동과 한국 교회의 미래

변상욱
CBS 대기자

21C 한국자본주의의 변동과 한국 교회의 미래   변상욱

　　한국 개신교의 근대화 이후 발전과정은 자본주의의 전형적인 행태와 특질을 보여 왔다. 특히 재벌대기업의 발전과정을 그대로 차용해오고 있다. 교회는 자본주의를 습득해 그 시스템과 메커니즘을 내적으로 체화시켰고, 이에 따라 자본주의의 폐해나 모순 역시 교계와 교회 안에서 필연적으로 발생했으며 대응방안 역시 그 범주를 벗어나지 못했다. 한국의 대기업 위주의 자본주의 체제가 위기를 맞는데 전혀 다른 카테고리에 속한 교회가 함께 동반 몰락하는 것은 우연의 일치가 아닌 내적,외적 구조의 동일함으로부터 온다고 할 수 있다.

　　교회는 시대와 사회의 변화를 빠르게 읽되 교회로서 대응하는 것이 옳으나 한국 교회는 시대를 읽는다기보다 뒤쫓아 영합하고 복음적으로 대응한 것이 아니라 비즈니스적으로 대응함으로써 모순과 폐해가 누적된 것이 오늘의 상황이라 하겠다.

1. 경제 체제의 변화에 따른 위기

자본주의는 투자자에게 유리한 구조이지 일하는 이에게 유리한 구조가 아니다. 한국 사회는 급격한 자본주의의 수용과 적응을 통해 자본 기업에 최적화된 규칙과 문화, 관행이 불안정 상태로 존재해 왔다. 당연히 승자독식문화를 위주로 하고 있고 승리는 진정성, 화합과 연대에서 오는 것이 아니라 민활함과 변신, 경쟁자의 패퇴에 기반을 두고 이뤄지는 특징이 있다.

대자본과 대기업에 초점을 맞춘 한국 경제는 시장주의를 지향한다. 시장주의는 힘과 조직을 갖춘 기업의 독점이 용이한 체제이다. 시장주의는 결국 공적 컨트롤이 약해지고 공공시스템이 붕괴되는 결과를 가져오기 쉽다. 그 극단에 이르면 NGO나 국립대마저 수익위주의 경영전략에 함몰해 공공성을 잃게 된다.

한국 교회도 역시 이런 궤를 따라 수익과 확장 위주의 경영전략 하에서 공공성을 상실하는 과정을 밟아왔다. 대형교회, 대자본교회가 중소 교회의 신도들을 흡수해 세를 키웠고 교단과 연합기구에 의한 공적 컨트롤이 약해지고 개교회 주의가 만연했다. 대기업이 모기업을 중심으로 곳곳에 자회사와 대리점을 내듯이 모 교회가 거점을 확보한 뒤 주변의 교인을 흡수해 키우고 이어 지교회, 선교센터, 선교재단, 카페, 언론사 등등을 세워 규모와 위세를 키워온 성장이다.

한국 자본주의 경제는 80년대 중반부터 90년대 중반까지 호황을 누리며 글로벌 투자를 적극 유치해 외형을 키우고 새로운 산업에 뛰어들었다. 여기서 문제는 끌어들인 자본이 '단기성자금'이었고 사업은 '장기투자'라는 점이다. 그렇기 때문에 단기성 자금이 아시아 지역의 거품 붕괴, 경기침체, 금융불안이라는 외적요인에 의해 만기연장에 성공하지 못하고 자금이탈이 이어지자 IMF 환란이 닥쳤던 것이다. 그리고 그 이후 국제 자본은 투기적 성격이 강해지며 수익을 위해 신자유주의가 마련한 수단과 채널을 동원해 지구촌을 누비고 있다. 이를 수습하느라 각국 정부의 재정이 바닥나고 금융이 항상 불안한 지경에 놓여 있는 것이 21세기 지구촌의 경제상황이다.

한국 교회 역시 1980년대 90년대 경제 활황과 투자에 편승해 대형 교회 뿐만 아니라 중소형 교회들까지 건축과 비즈니스에 뛰어들었으나 침체국면에서 함께 몰락하고 있는 중이다. 대기업과 마찬가지로 교회 역시 덩치를 키우며 덩치의 유지를 위해 독점과 부동산과 풍부한 현금을 가지고 외형을 키웠으나 이제 그 호황의 요건이 사라진 것이다.

교회에 고령화가 급속히 진행돼 연금생활자가 늘고, 사회에서 새로운 중장년 세대가 영입되는 규모는 대폭 감소했다. 그것은 베이비부머 세대인 55세~65세 그룹이 모두 현직에서 은퇴 또는 자영업의 몰락을 동시에 경험하고 있기 때문이다. 베이비부머 세대 이후 즉 50대 초반 이후는 인구가 상대적으로 몹시 소규모이기에 교회로 유입되는 규모도 적은 것이다. 그리고 은퇴자는 소비를 40% 정도 줄이는 것이 통례인데 엄청난 규모의 베이비부머 세대가 소비를 40% 줄이는 충격이 자영업과 교회 헌금에 직격탄을 날리게 되는 저성장침체 구조에 빠져들고 있다.

이 때문에 교회는 과세로부터 빠져나가고 싶으나 과세를 위해 동원하는 각종 특혜 논리는 교회의 이미지를 실추시키고 교회의 전도를 어렵게 만드는 악순환으로 이어진다. 또 교회를 사적 자산으로 보고 세습의 대상으로 삼는 것 역시 결국 한국 교회에 타격으로 돌아온다. 지구촌에서 CEO세습이 가능한 조직은 입헌군주, 대기업, 교회, 일본의 사찰 그리고 북한뿐이다. 이는 대기업이 법인세 증세나 부유세, 상속세, 증여세를 피하고 주주 공동의 소유물인 기업을 극소수의 지분을 지렛대 삼아 세습하는 것과 똑 같은 편법적 대응이다.

이제 21세기 장기적 침체에 접어들어 과거 공급이 수요를 따라잡지 못하던 상황에서 역전되어 공급이 과잉되고 수요가 본격적으로 감소하고 있다. 재벌 대기업들은 고도성장과 규모의 지속가능이 불가능한 시대적 상황 속에서 큰 몸집을 굴리는 비용과 효율성/창의적 개발투자의 격차를 해결 못하고 있다.

한국 교회도 다음 세대의 동력을 만들어 내는 데 실패했고 대형 규모와 성공 지향적 목회체제를 유지할만한 재원이 남아 있지 못하다. 대기업에서와 똑같이 메가처치나 빛이 많은 교회는 현금유동성이 떨어지면 구조적으로 위험한 게 당연하고 시장이 구조적.장기적으로 침체되면 구조조정에 돌입하게 되는데 교회의 구조조정은 대기업보다 둔탁해 타격이 더 클 수 있다.

세계화의 이념은 초기에 가장 지역적인 것이 가장 글로벌한 것이라는 캐치프레이즈를 내걸고 우리 것이 세계로 뻗어나갈 것을 상정했다. 그러나 실제로는 글로벌 초국적 자본이 개발도상국을 속속들이 파고들어 이익을 국제화/ 극대화 시키는 과정이 세계화이자 이를 가속시키는 것이 신자유주의임을 보여주고 있다.

교회 역시 세계화에 부응하는 공격적 해외선교를 폈지만 결국 세계화에 편승해 다양한 변종 종교가 유입되거나 발생하고 가톨릭, 이슬람, 불교라는 강한 외부적 경쟁상대가 힘을 키우면서 몰락에 속도를 더하고 있다.

2020년 이전에 시작돼 연쇄적으로 벌어질 충격들을 예상한다면 지금 한국 교회는 축소균형을 새로운 방향으로 설정해 부채의 축소와 사업조정 등 구조조정에 나서야 하나 교회의 위기의식은 걱정 수준이지 체계적이지 못하고 교단 역시 어떤 밑그림이나 비전도 제시하지 않고 있다.

2. 교회의 지적토대와 포스트모더니즘에 의한 위기

과거 교회는 안수를 받은 목회자가 우위에 서고 그 목회자의 안수를 받은 장로

등이 그 다음 위계를 차지하며 당회의 의결과 목회자에 대한 의혹/반감을 덕이 되지 못한다는 이유로 터부시 해 왔다. 그것은 인본주의, 세상적 어리석음이 교회로 파고 드는 것이고 나아가서는 사탄의 유혹이라고 터부로 여기도록 성도들을 교육했다.

이제는 지적 변화와 포스트모더니즘의 범람에 의해 그 인식구조가 흔들리고 깨지고 있다. 우선 교회가 세상적, 자본주의적, 비즈니스적 요소를 잔뜩 도입해 사용하고 있고 목회자의 타락, 교단의 정파적 암투가 정보화 시대에 낱낱이 알려짐으로써 성도들이 터부에 대한 두려움을 깨고 이탈하고 있다. 특히 목회자의 부조리는 잠재적 가나안 성도들이 부여잡고 있던 순종적 피동성을 털거나 죄의식의 벽을 허물도록 길을 터주고 있는 상황이다.

20세기 유행한 아나키즘이 국가의 존재와 권위를 인정하지 않았듯이 포스트모던은 교회/목회자의 권위를 인정하지 않을 것이다. 또한 교회와 목회자가 자신의 이데올로기를 신앙으로 왜곡 전달하며 복음을 기피하고 있다는 피해의식도 강해지고 있고 '목사교회'라는 비판이 이미 등장한 마당에 성도들의 해방된 의식을 돌려놓기란 어렵다고 해야 할 것이다.

한편 위기 커뮤니케이션에 심각히 여기는 것 중 하나가 부패와 위기를 지적받고 새로운 갱신과 혁신운동에 접어들었는데 터져 나오는 부조리와 비리, 모순이다. 이에 비추어본다면 인천순복음 교회의 세습과 명성 교회 세습 여부는 또 다른 시한폭탄 내지는 걸림돌이 될 전망이다.

가나안 성도 문제는 성도가 교회를 떠나는 것을 넘어 신도의 재생산을 단절시키는 문제도 있다. 누구든 가나안 성도가 된 이후에 자기 자식을 기성교회로 보내 유초등부, 중고등부, 청년부를 거치게 하고 싶어 하지 않을 것이다. 이럼에도 불구하고 가나안 성도 문제를 무겁게 받아들이지 않고 있는 기성교회는 현재 처한 어려움으로부터 쉽게 또는 결코 빠져나오기 어려워 보인다.

앞으로 등장할 길드형 교회, 전원 교회, 미니멀 교회, 홈 처치, 직장 신우회, 평일 교회 등의 모델은 모두 기존 교회와 목회자의 권위를 부인하고 무너뜨리는데서 시작되고 또한 붕괴를 가속화시킬 것으로 보인다.

3. 시대적응을 위한 메커니즘의 부재

미국은 크게 부흥사 시대에서 메가처치 시대로, 다시 텔레반절리즘의 시대를 거쳐 워십 & 프레이즈 - 경배와 찬양 시대로 접어 든 뒤 이제는 이머징 교회, 선교교회, 수도원운동 등으로 분화되어 대안을 찾아가는 양상을 보인다.

부흥사 시대에서부터 경배와 찬양의 시대까지 미국 교회의 흐름을 따라 온 한국 교회가 계속해서 미국 교회의 흐름을 따라 갈 것인가? 아마 이 지점에서 미국의 자유로운 교회의 연합 체제와 장로교/감리교/성결교/ 등 철저히 교단 통제 중심의 한국 교단 교회의 차이점이 극명히 드러날 것으로 예상된다.

물론 이 교단구조를 해제할 경우 목회자의 자질, 사이비 교회, 교회 내에서의 독선과 분규 문제가 훨씬 더 파괴적으로 발생할 가능성이 크다는 점은 차치하고 이 교단 중심 구조로는 개별 교회의 지역적 특성에 맞춘 창의적이고 효과적인 목회 형태는 등장하기 어려워 보인다.

교단이 교회의 현실적응을 제어하고 있는 이 구조 속에서 교단은 교회의 문제를 해결 못하면서 장애물이 되고 교회는 시대와 신도의 변화를 따라잡지 못하는 상황이니 한국 교회의 해답 모델도 뒤늦게 등장할 것이라 판단할 수 있다.

쉬운 예로 카페 교회는 나오지 않는데 교회 카페만 급속도로 늘어나는 것도 그런 현상의 아류일 수 있다. 미국에서는 독립된 새로운 스타일의 교회들이 생겨나되 한국은 가나안 성도 현상이 더 불거질 것으로 예측할 수도 있다.

4. 21세기 한국 교회는 무엇을 해야 할까?

1) 교회와 권력의 유착

자본주의의 모순이 드러나면 그 폐해와 원인을 분석하고 대책을 마련해야 하지만 자본과 기업은 개선과 시정을 유보한 채 기득권과 체제를 유지하려는 움직임을 보인다.

그 첫째는 정치권력과의 유착이다. 이것은 권위주의 정권 시절에는 대놓고 할 수 있지만 시민민주주의의 발전에 의해 감시 하에 놓이고 노골적인 유착이 어려워진다. 이후 정치권력과 자본의 유착은 협조주의 모델로 출구를 찾기도 한다. 우리 사회에서 협조주의는 노사정위원회로 상징된다. 노사정위원회는 국가적으로 긴급한 사회통합을 위해 정부가 컨트롤하며 노사의 협의와 조정을 이끄는 체제이다. 그러나 노사정위원회라는 협조주의 모델은 정부가 기업 편을 들거나 정부가 노사의 권한을 위임받은 후 전횡하는 부작용이 발생할 수 있다. 오늘날 한국 사회에서 벌어지고 있는 일방적인 노동구조 개혁이 바로 정부가 자본과 기업의 이해를 우선적으로 반영하는 신협조주의 - 네오코퍼러티즘의 변형된 형태라 할 수 있다. 대자본이 권력에 의존하거나 협력체제를 공고히 하는 건 경영적으로 활로를 찾지 못한 채 지배구조의 개선과 창의적 개발, 도덕적 경영으로 활로를 찾기보다 힘과 제도의 시혜를 구해 손쉽게 문제를 해결하려는 의도에서 비롯된다.

한국 교회도 이에 비추어 보면 스스로의 모순과 일탈을 쇄신하지 않고 기득권 체제와 이권을 유지하기위해 정치권력과 유착해 왔다. 대자본교회의 정치권 유착은 교회가 동원할 수 있는 하부조직과 조직원을 규합해 제공하고 정치권력은 이를 여론정치에 손쉽게 이용하는 협조관계를 이루는 것이다. 이미 청와대에서 불러들이는 개신교 지도자의 면면도 보수진영 일변도로 흐르고 있고 개신교의 대표성도 진보진영에 주어지지 않는다.

여기에 교단은 대자본 교회에 대한 통제역할을 다하지 못한 채 대자본 교회에 교단운영이 종속되기 일쑤며 오히려 교단정파정치만 횡행한다. 또 교단 정치는 정치권이 보여주는 정파적, 폭력적 양상을 그대로 답습해 기독교연합기구들마저 정치적 색깔이 짙어지거나 분립되어 어떠한 구실도 하지 못하고 교회의 갱신과 연대에 걸림돌이 되어오고 있다.

이처럼 정치권력과 자본의 결합이라는 폐단은 기독교계 내에서도 차용되어 대자본 교회의 비리를 덮고 기득권 체제를 유지하는 채널이 되고 말았다. 대자본 교회가 다수의 언론사를 설립해 자신들의 위세와 호의적 여론을 유지한 것 역시 권력과 대자본이 언론을 장악해 여론을 호도해 나가는 것과 크게 다를 바 없다고 본다. 또한 정치권력과의 유착에 의한 정치력 강화, 총회권력의 장악은 대자본 교회의 보수성이 대자본 교회에 의존해 연명하거나 대자본 교회를 앙모하는 중소 교회로 확산되는 배경이 되어 왔다.

2) 교회의 보수화와 이념의 격돌

한국 사회에서 정치권력과 대자본의 결합이 여론을 장악하는 가장 쉬운 수단은 이념갈등과 대립이다. 이런 행태 역시 한국 개신교에 그대로 전파돼 기독교인의 응집을 위해 보수 기독교단은 이념몰이에 골몰하기도 한다. 그 대상이 흔히 이단사이비 종교일 때도 있지만 성소수자나 이민자, 심지어 진보성향의 정파와 사회운동 세력이 타겟이 되기도 한다.

이런 정치적·이념적 정파성은 결국 기독교의 함몰과 이미지 추락을 가져 오고 가나안 현상이 급격히 심화되는 원인이 되기도 한다.

이미 국가적으로는 젊은 세대의 헬조선이라는 새로운 형태의 저강도 아나키즘이 사회에 번지고 있듯이 교회 역시 젊은 세대의 포스트모던 기류가 아나키즘적 색깔과 합쳐져 교회에 번지고 있다고 보아야 한다.

3) 목회의 형태

시대는 확대 균형의 시대에서 축소 균형의 시대로 바뀌고 있다. 거대한 대기업의 한계가 드러났으니 보다 작고 단단한 많은 강소기업을 키워 보완해야 한다.

교회는 그런 점에서 큰 교회의 부적절, 부당함에 대한 대응적 작은 교회 아닌 작되 그 지역에 맞는 교회 형태나 목회 스타일이 매뉴얼로 집약돼 전파되어야 할 상황이다.

지역 기반으로 지역의 자원을 발굴해 지역에서 활용하는 신토불이식 교회개척이 필요할 것이다. 대형 교회의 지교회는 종적 지배를 받는 직영 교회가 아니라 독립적 교회로 체질을 바꿔야 한다.

혹여 작은 교회를 지향한다면 중소기업이 대기업의 장점을 놓치듯 규모의 경제에서 벗어남으로써 놓치는 것들이 생겨날 수는 있다. 지역의 정책, 민원은 물론이고 나름 연합해야 풀릴 커다란 프로젝트들이 생길 때 대책은 '네트워크'로 풀어야 할 것으로 보인다. 특정 지역 안에 교단은 다르나 목적과 형태가 동질적인 교회들이 네트워크를 구성해 지역교회연합과 연대활동을 할 수도 있고 각 교단의 같은 직능기관들이 연합할 수도 있다.

4) 목회의 리더십

이건희 김우중 정주영 …. 회장님들의 신화가 끝나듯 대형교회 목사들의 신화와 이에 대한 국민들의 경외감이 사라지고 있다. 대기업이 국가 경제발전과 빈곤 탈출의 영웅이라는 경외가 바뀌어 이제는 대기업이 건전한 발전을 가로 막은 독점이윤

추구자였다는 비판의식이 팽배해 있다.

교회의 목사들을 향해서도 성도들의 땀과 노동에서 지위와 부를 누리며 사유화하는 것 아닌가라는 의구심과 질타는 이미 시작되었다.

이것을 계급론 내지는 좌파적 사고로 볼 수도 있으나 현상적으로는 포스트모더니즘이 바탕에 깔려 있는 듯 보인다. 지금의 나를 기준으로 내가 살 길, 내가 놓친 나의 권리에 집중하고 근본과 본질에 대해 감각이 무뎌져가고 있다. 좌파적 사고가 포스트모던한 의식을 불러왔든 아니면 포스트모던한 시대정신이 좌파적 인식의 길을 터준 것이든 이미 물길은 열렸고 물은 점점 거세게 빠져 나가고 있다는 게 문제이다.

5. 교회를 향한 시대적 요청

이런 시대에 목회자의 지위와 좌표는 무얼까?

먼저 한국 교회 전체를 걱정한다면 시대와 민족과 유리된 기독교를 어떻게 민족 역사에 접목시킬까를 고민할 때이다. 앞으로의 시대에서 가장 큰 고민은 빈곤과 일자리이다. 이 시대적 명제에 교회로서 응답하는 길을 찾아야만 한다. 빈곤과 일자리에 대한 올바르고 적절한 목회방향을 찾지 못한다면 한국 교회의 전면적 위기는 되돌릴 수 없을 것이다.

최근 영성을 강조하기도 하지만 영성의 문제는 감성에만 의존하고 있는 경향이다. 또 성도의 제자교육은 이성적 학구적 욕구를 충족시키는 데 기울어 감성과 이성 사이의 균형이 안 맞는다. 감성과 이성을 뛰어넘는 종교적 영성은 찾아보기 쉽지 않다.

지금도 교회개혁에 관한 담론들이 무성하다. 목회자 입장이나 신학자 입장에서는 너무 세속적인 방법론들이고, 일반 사회나 신도 입장에서는 뻔한 이야기만 무한 반복한다 비난할 것이다. 문제를 제기하면 의제를 쉽고 단호한 큰 명제로 바꾸고 회피하고만 있다. 해외선교, 북한선교, 동성애 박멸 등이 그것이다.

한국 교회의 살 길은 분명 내적구조와 문화가 지금과는 확연히 다른 축소균형의 교회여야 한다. 그리고 신자 개인이 삶의 근본적 변화 체험 -- 성도 & 이웃과의 관계 개선 -- 사회 변혁에의 참여와 선한 영향력 유지 -- 하나님의 창조세계와의 화목이 선순환을 이뤄야 한다. 이것을 통합적 목회라고 칭하는데 이것을 실천하도록 신도들을 키우고 가르칠 체계적인 목회 철학과 시스템, 매뉴얼이 갖춰져 있는 것으로 보이진 않는다.

4장

한국교회 보수화의 원인과 결과

김형원
기독연구원 느헤미야 원장

한국교회 보수화의 원인과 결과

1. 한국 교회의 수구적 행보

2014년 세월호 참사가 일어난 후 국민의 분노가 전국을 휩쓸면서 정부가 위기에 처하자 수구 세력들이 반대 진영에서 움직이기 시작했다. 새누리당 의원들, 일베와 자유청년연합, 어버이연합과 엄마부대 봉사단, 한국자유총연맹과 같은 단체들은 유가족들을 비난하면서 진상규명을 요구하는 국민들을 정부 전복 세력으로 몰아붙이기 시작했다. 그러나 더 충격적인 것은 가족을 잃은 아픔에 동참하여 같이 아파해야 마땅할 것 같은 목사들이 수구 세력의 유가족 때리기에 동참한 것이다. 한기총 부회장, 강남의 대형교회 목사들, 교단장 등 여러 사람들이 진상을 은폐하는 정부를 비호하고 철저한 조사를 요구하면서 촛불집회를 이어가고 있는 국민들을 비난하고 나선 것이다.

2015년 정부가 역사교과서를 국정화 하겠다고 발표하자, 얼마 안 된 시점에서 예장합동, 예장대신, 예장고신 총회장들은 신임 교단장 좌담회에서 찬성 의견을 밝혔다. 예장합동의 박무용 총회장은 추후에 찬성하는 성명서까지 발표하였다. 인터넷에는 목사와 쓰레기를 합친 '목례기'라는 말이 이제는 거의 일반명사처럼 유통되고 있다.

다수의 국민들은 이들의 행태가 별로 이상하다고 생각하지 않는다. 예전에도 보수 정치세력의 행보에 대해 무조건적 지지를 표명해온 것의 연장선으로 보기 때문이다. 그 대표적인 경우가 1980년 8월 6일에 열렸던 '전두환 국가보위 비상대책위원회 상임위원장을 위한 조찬기도회'였다. 그 기도회에서 설교를 한 목사는 전두환을 '여호수아와 같은 지도자'로 칭송하였다. 몇 달 전 국민에게 총부리를 겨누고 수천 명의 사상자를 낸 독재자의 지지 세력이 되겠다고 천명하는 것이었다. 진보적인 정부가 들어서자 보수 교회의 수구적 정치 행보는 더욱 가속화되었다. 2004년 3월 1일 서울시청 광장에서 열린 "친북좌익척결, 부패추방 3.1절 국민대회"는 수구적인 세력들이 주도한 집회였다. 그들은 북한과 대화하고 자주적 평화 노력을 기울이자는 "평화와 통일을 위한 3.1 민족대회"를 비판하면서 그들을 '친북좌익' 세력으로 몰아붙였다. 그런데 이 집회의 최전선에 선 사람들이 한기총 소속의 목사들이었고, 집회 참석자의 상당수는 그 목사들의 교회에서 동원된 교인들이었다.[1] 이것은 한기총이 극우보수파들과 어깨동무를 한 대표적인 모습이었다.

지금 한국 사회에서 기독교는 보수적인 집단으로 굳게 자리매김하고 있는 실정이다. 보수 정치 세력의 굳건한 지지기반이며, 북한을 절대악으로 규정하고 대화나 타협도 거부하는 세력이고, 국가의 이익을 포기하면서까지 친미적 행보를 보이는 집단이며, 교회나 목사가 불이익을 당할 것 같으면 분노하며 자기 이익을 지키기 위해 길거리로 뛰쳐나오는 사람들로 인식되고 있다. 이런 인식이 너무 강해서 그 동안 교회와 신자들이 한국 사회에서 희생하고 섬기고 봉사했던 수많은 노력들을 일거에 무너뜨릴 정도가 되어버렸다.

---

1) 류대영, 『한국 근현대사와 기독교』 (서울: 푸른역사, 2009), 347.

한국교회는 왜 이렇게 보수 세력의 대명사가 되었을까? 한국교회의 역사를 살펴보면 세 가지 원인을 발견할 수 있다. 이데올로기의 영향, 신학적 요인, 세속화의 결과가 그것들이다. 이 세 가지는 서로 영향을 주고받으면서 한국교회를 보수적으로 변모시키는데 지대한 영향을 끼쳤다.

보수화는 그 자체가 선과 악의 대상은 아니다. 그러나 작금의 한국 사회에서 보수화는 긍정적인 면보다는 부정적인 면이 더 크게 나타난다. 그렇기에 한국교회의 보수화 경향이 한국교회의 타락이나 쇠락과 무관하지 않다. 그러므로 우리가 한국교회의 무너짐을 막고 재구성을 꾀한다면 보수화의 원인을 잘 진단하고 그에 따른 처방을 내리는 것이 필요하다.

2. 이데올로기의 영향

한국교회 보수화의 첫 번째 원인은 반공주의와 자본주의 이데올로기를 맹목적으로 받아들인 결과다.

1) 반공주의

1917년 러시아 혁명으로 촉발된 좌우 대립은 일제의 지배를 받고 있었던 우리나라에도 영향을 미쳤다. 그 결과 항일 운동도 좌우가 각자 전개하였고, 한반도에서도 주도권을 쥐기 위해 각축전을 벌이기도 했다.

그런 상황에서 한국에 들어온 미국 출신의 선교사들은 미국의 반공주의적 성향을 그대로 한국교회에 이식하였다. 또한 미국에서 공부하고 돌아온 목사나 신학자들과 기독교인 출신의 사회정치적 지도자들 역시 반공주의에 영향을 받아 좌우 대립 국면에서 우익을 지지하는 경향을 보여주었다.

해방 후 미국과 소련에 의한 분할 통치는 극심한 좌우 대립을 불러왔다. 북한에서는 점차 김일성이 권력을 장악하면서 빠르게 정리가 되었지만, 남한에서는 양쪽 모두 테러와 린치와 암살을 자행하면서 타협할 수 없는 대립으로 치닫게 되었다. 결국 이승만에 의해 대한민국 정부가 수립되고, 반민특위가 친일파와 우익의 합작으로 무산되면서 남한 사회는 반공주의의 색채를 강하게 띠게 되었다.

이런 상황에서 한국전쟁은 남한 사회에서 공산 세력에 대해 극단적인 증오심을 낳게 하였고, 그들은 절대 타협할 수 없는 악마의 세력으로 규정되었다. 특히 기독교인들에게 공산주의 세력은 악마와 같은 존재가 되었다. 한국의 기독교는 초기부터 서북지역이 중심지 역할을 했었다. 그런데 북한이 러시아와 공산주의 세력에 장악되면서 기독교인들은 친미-친자본주의 반동분자들로 규정되어 반체제적이라는 명목으로 핍박을 받게 되었고, 상당수가 유산계급이었던 그들은 김일성의 토지개혁으로 토지를 강탈당하고 더 이상 버티기가 어려워 월남하게 되면서 남한 내에서 가장 강한 반공세력으로 자리 잡게 되었다. 이에 더하여 한국전쟁 와중에 공산주의 세력들에게 직접적으로 처형당하고 고난을 당했던 경험은 기독교인들로 하여금 공산주의 세력을 거의 적그리스도와 같은 존재로 여기게 만들었다. 전쟁 후 남북 대치 상황이 지속되면서 반공주의는 한국 기독교의 신조처럼 자리 잡게 되었다.

이런 여러 층위의 트라우마의 결과, 남한의 기독교회는 공산주의와 유사한 그어떤 제체사회주의 계열나 그런 체제를 지지하는 세력진보적 세력을 공산주의에 동조하는 것으로 여기면서 배척하게 되었다. 지금도 그들을 무조건 '빨갱이'나 '종북세력'으로 몰아붙이는데 동조하는 것이 이 때문이다.

2) 반사회주의와 친 자본주의

북한에 대한 반대는 북한이 채택하고 있는 공산주의적 경제 체제에 대한 반대로 이어졌다. 그 결과 미국이 주도하는 자본주의를 맹목적으로 지지하면서, 공산주의와 유사한 사회주의적 흐름에 대해서도 반대하는 것으로 나타난다. 반공주의가 반사회주의로, 또한 자본주의에 대한 맹목적 지지로 이어진 것이다.

맹목적이라고 하는 이유는 자본주의를 택한 나라들이 시간이 지나면서 큰 틀에서는 자본주의를 유지하면서도 점차 사회주의적 요소들을 받아들이면서 자본주의의 폐해들을 교정해나가고 있지만, 대한민국의 보수주의자들과 한국교회의 보수 세력들은 사회주의와 대립하던 시절의 자본주의, 화석화된 자본주의에 집착하고 있기 때문이다. 그래서 자본주의에 문제가 있다는 것이나 자본주의에 사회주의적인 요소를 도입하자는 주장을 자본주의를 버리고 사회주의를 채택하자는 말로 오해하고, 또한 그런 주장은 남한의 정체성을 버리고 북한을 추종하는 것으로 착각하는 것이다. 그들은 자본주의도 내부의 발전과정을 거쳐서 자본주의 2.0, 3.0으로 스스로 진화해나간다는 사실도 인지하지 못한다. 이렇게 생각이 고착화된 이유는 경제를 여전히 이데올로기적 관점으로만 바라보면서 20세기 초반 사회주의와 대립하던 시대의 자유주의적 자본주의만을 옳다고 생각하기 때문이다.

자본주의에 대한 확고한 신념은 자연스럽게 경제를 최고의 가치로 인식하게 되고, 경제발전에 도움이 안 되거나 장애가 된다고 인식되는 다른 가치들은 무시하게 된다. 이것은 자연스럽게 경제환원주의 입장을 취하게 되면서 진보적인 사회사상보다는 보수적인 사회사상을 지지하는 결과를 낳게 된다.

3) 정치적 보수 세력과 결탁

반공주의와 친자본주의에 대한 맹목적인 추종은 동일한 가치를 전면에 내세운 수구적인 친일-독재 세력과 동질의식을 형성하게 하였고, 그들과 상호 협력 관계를 구축하게 하였다. 이것은 세 단계의 과정을 밟아 진행되었다.

(1) 첫째 단계에서는, 반공, 친미, 친 자본주의라는 매개체로 하나로 결합되었다.

이승만은 남한만의 정부를 수립하면서 그것을 반대했던 김구를 비롯한 상해 임정 인사들을 배제하기 위해 친미 친일 세력들과 손을 잡고, 그들을 사회 모든 부문의 요직에 끌어들였다. 남북으로 분리된 한반도의 상황을 자신의 세력 확장의 도구로 삼기 위해 그들은 강한 반공을 기치로 내세웠다. 이런 경향은 한국전쟁 후 그들이 독재 정치 세력으로 성장하면서 더욱 심해졌다.

일본군 장교였던 박정희 역시 쿠데타로 정권을 잡은 후 자신이 친일 이력이 있었기에 이승만이 등용한 친일 세력들을 여전히 중용하였고, 강한 반공 정책을 내세우면서 북한과 무한 대립 경쟁을 펼쳐나갔다.

이러한 친일 독재 세력에게 심정적으로 가장 우호적일 수밖에 없는 집단이 김일성 공산주의 세력의 탄압으로 월남한 이북 출신 기독교인들이었다. 그들은 다른 무엇보다도 반공이 가장 중요한 가치였다. 공산주의자들에 의해 가족들이 죽임을 당했고, 교회가 핍박을 받은 경험이 있었기 때문에 반공은 자신들의 생존이 걸린 문제였고, 교회의 사활이 걸린 문제였기 때문이다. 그래서 강한 반공주의를 내건 세력들은 민주 정부든, 독재 정부든 상관하지 않고 지지할 준비가 되어 있었다. 이렇게 해서 수구적인 반공-친일-독재 세력과 한국 보수교회의 강한 유대관계가 시작된 것이다. 한국 보수교회에 있어서 반공-친일-독재 세력은 자신의 생존을 지켜주는 세력이면서 동시에 적그리스도 공산주의 세력와 싸우면서 한국교회를 지켜주는 수호신과 같은 존재로 인식되는 것이다.

(2) 둘째 단계, 반공-친일-독재 세력과의 밀접한 관계가 오래 지속되면서, 한국 보수교회는 그들을 지지하는 것이 한국 교회를 지키는 것과 동일한 것으로 인식하

게 되었고, 그 결과 거의 맹목적으로 보수 정치 세력을 지지하는 입장을 갖게 되었다. 그 결과 그들의 반민주적 독재와 수많은 부정부패, 그리고 정의를 파괴하는 불의를 눈감아주는 행태를 초래하였다. 이것은 지나친 '진영 논리'에 사로잡힌 모습이다.

이런 이유로 한국 보수 교회는 정권의 불의가 극심한 결과 위기에 몰릴 때마다 보수 정권의 적극적인 지지자요 보호막으로 자처하고 나선 것이다. 사사오입 개헌을 지지하고, 유신 헌법을 지지하고, 전두환과 국보위를 축복하고, 광우병 촛불집회를 비판하고, 4대강 사업을 지지하고, 세월호 참사로 궁지에 몰린 정부를 보호하려고 진상규명을 요구하는 국민들을 종북으로 몰아붙이는데 발벗고 나선 것이 그런 모습들이다.

(3) 셋째 단계, 더 나아가서, 이제 반공-친일-독재 세력이 수십 년 동안 우리 사회의 모든 분야에서 권력집단을 형성하면서 그들을 지지하고 때로는 함께 발을 맞췄던 한국의 보수교회는 그들이 누리는 기득권을 나누어 갖는 세력으로 부상하게 되었다.

물론 한국 보수 교회 내에는 이미 이들과 더불어 권력 집단을 형성하는 사람들이 있었다. 그들은 개화기와 일제시대를 거치면서 선교사들이 세운 학교를 통해 신학문을 빨리 받아들일 수 있었고, 선교사와 선교사 파송 교회의 지원을 통해 유학의 기회를 얻어서 사회적 신분 상승의 기회를 얻을 수 있었던 사람들이었다. 그들은 해방 후 친미주의자였던 이승만이 정권을 잡자 사회의 다양한 분야에서 선도적인 위치를 점유하면서 자연스럽게 사회의 권력층으로 부상하였다. 또한 교회가 한국 사회에서 사회문화적으로 선도적인 그룹이 되면서 한국 사회의 중상류층이 교회 내로 많이 유입되었다.

이와 더불어 교회도 지속적인 성장을 통해 몸집을 키워나가기 시작했다. 교회의 성장과 교인들의 사회적 계층 변화가 의미하는 것이 무엇일까? 한국교회가 한국 사회에서 권력 집단으로 부상하게 되었다는 의미다. 교회는 다른 집단에 비해 상대적으로 보수적인 색채를 띠게 되었다. 이런 현상은 지금까지도 계속되고 있다.

앞에서 언급했듯이 이미 반공이라는 가치로 굳게 하나가 되어 있기 때문에 보수 정치 세력은 보수 교회의 지지를 받은 만큼 그들을 도와주기도 했다. 이것은 결국 한국 보수 교회, 특히 대형교회와 교단의 유력한 목사들이 보수적 독재 정권과 결탁하면서 기득권층을 형성하는 결과를 낳게 되었다. 그 결과 두 세력은 서로의 이익을 챙겨주고 지원해주고 나눠 갖는 '이익의 카르텔'을 형성하게 되었다.

이렇게 한국 사회의 보수적인 세력과 결탁한 한국 보수교회는 사회적으로 보수적인 색채를 띠는 것이 당연할 것이다.

3. 신학적 요인

한국교회가 정치-사회적으로 보수적으로 변한 데에는 신학적인 이유도 크게 작용했다.

1) 내세적 천국관

한국 보수 교회에서 가르쳐 온 천국은 멸망할 이 세상을 떠나서 가게 되는 파라다이스와 같은 곳이었다. 이 세상은 죄로 인해 하나님의 심판을 받아 멸망당할 것이고, 그리스도인은 구원을 받아 하늘로 들어 올려서 어디인지는 잘 모르지만 이 세상이 아닌 멋진 천국으로 갈 것이라고 생각한다. 한국교회는 19세기부터 신학계에서 진행되어 20세기 중반에는 이미 정설로 자리 잡게 된 하나님나라 신학에 대해서 최근까지도 거의 무지한 상태로 남아 있었다. 그래서 하나님나라를 하나님의 주권이라는 개념으로 이해하기보다는 장소로만 생각한다. 또한 그 장소는 우리가 사는 이 지구가 아니라 하나님이 별도로 마련하신 또 다른 행성과 같은 곳으로 생각한다. 일제시대 암흑기에 형성된 내세 지향적이고 유토피아 중심적 종말론 신앙은 이후 한국 교회에 편만한 영향을 미쳤고, 지금까지도 천국, 즉 하나님나라는 내세에 이 땅을 떠나서 가게 되는 어떤 새로운 장소라고 생각한다.

하나님나라를 내세적 장소로만 생각하게 되면 필연적으로 염세적 현세관을 초래하게 된다. 세상은 어차피 심판을 받아 멸망할 것이므로 우리가 이 세상일에 그렇게 깊이 관여할 필요가 없으며, 우리가 힘써야 할 유일한 사명은 복음을 전해서 더 많은 사람들을 구원의 방주에 태우는 것이라고 생각한다. 그 결과 더 나은 세상을 만들기 위한 사회적 노력도 사람을 구원하는 것과 직접적으로 관련되지 않는 한 쓸데없는 짓이라고 생각한다. 정치적 불의에 대해서나 사회적 부조리에 대해서도 별로 관심이 없다. 어차피 세상은 망할 것이고, 우리는 이 세상을 떠나 천국으로 갈 것이기 때문이다. 우리는 이 곳에 잠시 머물다 갈 뿐이기에 굳이 더 좋은 세상을 만들어야 할 필요가 없다고 느끼는 것이다.

이렇게 정치·사회적으로 무관심하게 되면 자연스럽게 보수적인 입장을 취하게 된다. 한국 정치 역사는 해방 이후 최근까지도 독재의 역사였다. 그 속에서 한국교회는 급속도로 성장하여 현재의 교세에 이르렀다. 독재 정권의 폭압과 불의가 만연한 시대 속에서 세상사에 초탈한 듯하고 무관심한 태도는 그 자체로 보수적인 입장을 보여준다. 침묵은 동조 내지는 지지와 다름없기 때문이다. 또한 사회에 대한 관심이 약한 사람들은 사회의 부조리나 불의에 대해서도 무관심하게 되고, 사회를 변화시켜야 할 필요를 못 느끼게 된다. 이것은 필연적으로 여론을 주도하는 권력자들의 선전을 쉽게 수용하는 경향을 보이게 되므로, 권력자들이 보수적일 때는 그 영향을 받는 사람들도 보수적인 견해를 갖게 되기가 쉽다.

결국 내세지향적이고 현실을 부정하는 신앙은 현 세상에 대해 무관심하게 되고, 그것은 변화를 의미 없다고 여기는 보수적인 사상을 따르게 만든다. 이것이 지금 한국교회 다수의 모습이다.

2) 창조 신학의 부재

기독교인은 하나님이 천지를 창조하셨다고 믿는다. 한국의 그리스도인들도 거의 대부분 이것을 믿고 그렇게 고백할 것이다. 그러나 그 중에서 이 선언이 의미하는 것을 제대로 이해하고 그것에 기초해서 살아가는 사람들은 많지 않다. 하나님의 천지 창조는 몇 가지 의미를 갖는다.

첫째, 모든 창조물이 귀한 존재라는 것이다. 왜 그런가? 하나님이 만드신 것이기 때문이다. 하나님이 아무 의미 없고, 가치도 없는 것을 만드실 리가 없다. 하나님이 만드신 모든 것은 그 나름의 목적이 있고, 가치가 있다. 하나님의 손길이 닿은 것이기 때문이다.

둘째, 하나님과 만물의 관계는 아버지와 자식의 관계와 유사한 것이 된다. 창조는 세상 만물이 하나님 아버지에게서 생명을 받은 사건이다. 따라서 모든 피조물들은 일종의 형제적 관계를 맺고 있으며, 만물은 원래 형제로서 가족처럼 공존하고 상호 의존하는 존재들로 만들어진 것이다. 따라서 하나님은 우리를 돌보시는 것처럼 다른 사람이나 자연도 자식처럼 돌보고 계신다. "공중의 새를 보아라. 씨를 뿌리지도 않고, 거두지도 않고, 곳간에 모아들이지도 않으나, 너희의 하늘 아버지께서 그것들을 먹이신다."마 6:26 "열 손가락 깨물어 아프지 않은 손가락 없다"는 속담과 같이, 인간이 하나님께 중요한 것처럼 다른 피조물들도 동일하게 하나님께 중요하다. 그러므로 우리는 나만 중요한 것처럼 생각하면서 다른 사람과 자연을 무시하는 태도를

취하면 안 된다.[2)]

창조신학을 이렇게 이해하게 되면 현재 한국교회가 견지하고 있는 인간중심적 창조신학이 잘못되었다는 것을 알게 된다. 인간을 제외한 모든 피조물들은 **동물, 식물, 땅, 강, 바다, 산** 인간의 행복을 위해 존재한다고 생각하는 것, 인간의 무한 욕구를 채우기 위한 경제제일주의를 채택하면서 그것을 달성하기 위해 환경을 파괴하는 것, 인간이 행복하기 위해서는 다른 피조물을 얼마든지 수단으로 이용할 수 있다는 생각 등이 모두 하나님의 창조신학과 어긋난다.

인간 중심적 입장을 갖게 되면, 근대 환경 파괴의 주범은 기독교의 정복관이라는 비판을 피할 수 없게 된다. 그 결과 기독교는 지구 생태계를 파괴하여 인간을 포함한 지구 공동체를 해치는 가장 악한 집단이 되는 것이다. 이런 신학은 자연스럽게 사회적 보수주의와 만나게 된다. 즉 인간의 욕구는 자연스러운 것이고, 그것을 충족하기 위해서는 얼마든지 자연에 손댈 수 있고, 경제 발전이 최고의 가치이기 때문에 그 목적을 위해서는 산, 바다, 강, 땅, 동물, 식물을 얼마든지 이용하고 변형하고 파헤칠 수 있다고 생각하는 것이다.

3) 인간관

모든 인간은 하나님의 형상으로 창조되었다. 이것은 모든 인간이 고귀하다는 뜻이다. **창1:26-27, 9:6** 인종, 남녀, 장애인과 비장애인, 능력의 차이, 재산의 차이, 학식의 차이, 종교의 차이와 상관없이 하나님의 형상으로 창조되었다는 이유 하나만으로도 모든 인간이 고귀하고 존엄한 존재라는 것이다. 그래서 하나님은 이렇게 고귀한 사람을 죽이는 자에 대해서 극형으로 엄벌할 것을 명령하고 있는 것이다. 또한 그래서 하나님은 온 열방 중에서 모델 민족으로 선택한 이스라엘 사회에서 가난하거

---

2) 김형원, 『기독교 신학의 숲 I』 (대전: 대장간, 2014), 196.

나 고아거나 과부거나 나그네라는 이유로 차별받거나, 굶거나, 부당한 재판을 받지 않도록 엄격한 율법을 제시한 것이다. 신1:16-17 그러나 이스라엘은 권력자들의 무한한 욕심으로 인해 하나님의 명령을 무시하였고, 그 결과는 멸망이었다.

한국 교회도 기본적으로 타락한 이스라엘 고위층의 인간관을 그대로 답습하고 있다. 하나님은 그리스도인만 고귀하게 여기며, 그래서 그들만 구원하셨다고 생각하면서 타종교인을 무례하고 모욕적으로 대한다. 또한 경쟁 사회에서 밀려난 사람들은 본인의 능력 탓이기 때문에 어쩔 수 없다고 생각한다. 그들이 최저 생계비에도 못 미치는 돈으로 인간 이하의 생활을 하면서 목숨을 연명하든, 취업이 안 되어 카드빚으로 벼랑 끝 삶을 이어가든 별로 상관하지 않는다. 그런 사람들까지 다 보듬다보면 한도 끝도 없다고 여기는 것이다. 이것은 인간에 대한 기본 인식이 잘못된 것이며, 모든 인간이 존엄하며, 우리 모두가 서로 돌봐야 할 책임이 있다는 하나님의 뜻을 제대로 이해하지 못한 것이다.

이런 신학의 결과가 무엇인가? 무한경쟁과 적자생존 원리를 근간으로 삼고, 능력에 따른 차별은 어쩔 수 없다고 생각하는 보수주의적 사회관이다. 우리는 다른 피조물들을 한 가족으로서 돌보아야 할 형제적 책임이 있다. 비록 지금은 죄로 인해 세상 만물이 하나님께로부터 떠나 있는 탕자와 같은 상태지만, 하나님은 그들을 완전히 버리거나 포기하지 않고 여전히 그들을 기다리고 있는 것이다. 그래서 하나님은 먼저 아버지 품으로 돌아온 우리들에게 다른 자식들도 다시 회복하도록 하는 사명을 주셨다. 모든 인간이 고귀하기 때문에 우리는 인종과 성별과 빈부의 차이를 넘어서 모든 사람들이 평화롭게 살 수 있는 세상을 만들기 위해 노력해야 한다. 그들도 하나님이 창조하신 우리의 가족과 같은 존재들이기 때문이다.

4) 정부권력의 속성과 정교분리에 대한 오해

한국의 보수 교회는 정부에 무조건 복종해야 한다고 가르쳐왔다. 롬 13:1-7과 벧전 2:13-14이 근거 구절로 자주 인용되곤 했다. 어떤 형태의 정부든, 정의롭든 불의하든, 그 권력은 하나님이 세웠기 때문에 우리는 권력자에게 무제한의 복종을 해야 한다는 것이다. 그래서 독재 정권 시절에 독재에 항거하고 불의에 저항하기 위해 시위에 나서는 청년들을 제지하면서 우리의 본분은 하나님이 세우신 권력자에게 복종하는 것이라고 가르쳤다. 그 결과가 무엇인가? 독재 정부를 둘러싼 권력자들과 기득권자들의 횡포에 대해 침묵하면서 동조하는 것이었다. 이것은 결국 수십 년간 이어졌던 독재 권력과 암묵적으로 결탁하는 것으로 이어졌고, 이에 고마움을 느낀 정치 권력은 보수 교회에 여러 혜택을 주는 것으로 보답하였다.[3]

그러나 이것은 정부 권력의 속성에 대해 오해했기 때문에 나온 가르침이다. 성경은 정부의 권위에 대해서 인정하지만, 그 권위는 하나님에 의해 범위가 제한된 권위라고 말한다. 하나님으로부터 위임받은 권력의 행사는 무제한적인 것이 아니다. 하나님은 그 권력의 범위와 조건을 제정하셨다. 정부의 역할은 선을 행하는 자를 칭찬하고 악을 행하는 자를 벌하는 것이다. **롬13:3-4, 벧전2:14** 베드로전서 2:14은 "총독들은 악을 행하는 사람에게 벌을 주고 선을 행하는 사람에게 상을 주게 하려고 왕이 보낸 이들입니다."라고 말한다. 권세자들이 악인들에게 형벌을 제대로 내리지 않거나 선한 자들에게 충분한 상급을 주지 않는다면 그는 하나님이 맡기신 직무를 유기하는 것이나 마찬가지다.

하나님께서 권세자들을 세우신 또 다른 목적은 정의를 수행하게 하기 위해서다. 하나님의 통치의 특징은 정의이기 때문에 하나님의 정의를 본받아 정의로 통치하라는 기대를 가지고 권력자를 세운 것이다. 국가의 권력은 가난한 사람과 궁핍한 사람을 구원하고 그들을 압제하는 자들을 벌주는 데 사용되어야 한다. 인간은 강자

---

3) 홍영기, 『십자가의 정치학』 (인천: 바울, 2004), 90.

가 되기 위해 호시탐탐 약자를 노리고 압제하려는 죄성을 가지고 있다. 만약 인간 사회를 욕심대로 흘러가게 놓아둔다면, 이러한 정글의 법칙이 사회를 지배하게 될 수밖에 없다. 그러므로 하나님은 강자를 벌하고, 약육강식의 사회가 되는 것을 방지하며, 정의로 다스리라고 통치자들을 세우셨다.[4] 그러므로 하나님이 세워주신 목적을 거부하고 하나님의 뜻에 어긋나게 행하는 정부는 더 이상 하나님의 권위를 주장할 수 없으며, 그렇기 때문에 그리스도인은 정부에 무조건 복종해야 하는 것은 아니다.

정부에 무조건 복종하라는 것과 짝을 이루는 가르침은 그리스도인과 교회는 오직 종교적인 일에만 관심을 쏟고, 정치는 정치인들에게 맡겨야 한다고 주장하는 정교분리 신학이다. 그리스도인은 정치에 관여하지 말고 오직 복음을 전하고 기도에 힘쓰는 등 종교적인 일에만 힘써야 한다고 가르치는 것이다. 그러나 이 주장은 그리스도인이 사회-정치 문제에 관여해서는 안 된다고 생각하는 이원론적 신앙에 기초하고 있다. 그리스도인은 예수님이 만유의 주요 만왕의 왕이라고 고백한다. 앞에서도 언급했듯이, 이 고백은 예수님이 교회 안에서뿐만 아니라 세상의 모든 영역에서 주인이 되어야 한다는 것을 의미한다. 그러므로 정치 영역도 당연히 여기에서 제외되지 않아야 한다. 우리가 세상의 모든 영역으로 파송 받았다면 정치도 우리의 관심 영역이 되어야 하고, 하나님의 주권이 인정되도록 그 속에서 빛과 소금의 역할을 감당해야 한다.

정교분리의 정확한 의미는, 정치와 종교의 야합으로 인한 권력의 절대화를 방지하고, 특정 종교에 대한 정치적 우대나 억압을 막으며, 종교 선택과 활동의 자유를 보장하기 위한 것이다. "정교분리는 영향력의 분리가 아니라separation of influence, 권

---

4) 김형원, 『정치하는 그리스도인』 (서울: SFC, 2012), 61.

력의 분리separation of powers를 통해서 어느 한 쪽이 다른 쪽을 지배하지 못하게 하려는 것이다."[5]

우리는 하나님이 온 세상을 다스리는 분이며, 하나님에 대한 헌신은 영적인 것뿐만 아니라 인간 삶의 모든 영역을 포괄하는 것이라고 믿는다. 정치도 하나님의 다스림 아래 있는 것이므로 교회는 정치가 하나님의 뜻에 의해 움직이도록 관심을 가지고 참여할 사명을 가진다. 그래서 때로는 종교가 정부의 부당한 행위에 대해서 무관심하거나 침묵으로 동조하지 않고 적극적으로 항거할 수도 있는 것이며, 그런 행동이 정교분리라는 이름으로 정죄되어서는 안 된다.

한국 보수 교회의 신자들은 지금도 여전히 정부에 무조건 복종하고, 정부의 일에 관여해서는 안된다고 가르침을 받고 있다. 이런 가르침의 뿌리는 일제시대 선교사들이다. 1919년 3.1독립운동 후 조선총독부는 독립운동에 관여한 선교사들을 내쫓고 정치에 관여하지 않고 오직 종교적인 활동만 하겠다고 약속한 선교사만 남겨두었다. 결국 그들은 다수의 한국교회 목사들과 더불어 정교분리 신학을 가르쳤다. 이것은 독재 시대에도 계속 이어져서, 신자들은 그 어떤 잔악하고 불의한 정권이라도 지지하고 순종해야 하며, 그들이 펼치는 정책에 동조해야 한다고 가르쳤다. 결국 이것은 수십 년에 걸친 보수 독재 정권과 한국교회가 결탁하는 결과를 초래하였다.

5.) 죄에 대한 왜곡된 신학

한국교회는 죄에 대한 신학이 편향되어 있다. 교회에서 회개하라는 죄는 대부분 개인적인 차원의 죄다. 하나님에 대한 인간의 반역, 불순종, 무관심으로 표현되는 "종교적 죄"와 각종 인간관계에서 발생하는 죄악들거짓, 증오, 살인, 간음인 "개인적·도덕적 죄"와 같은 것들이다. 그러나 우리가 하나님 앞에서 범하는 죄악은 개인적인 차원

---

5) Robertson McQuilkin, *An Introduction to Biblical Ethics* (Wheaton: Tyndale House, 1995), 449.

만 있는 것은 아니다. "죄에 대한 이러한 전통적인 개념은 성경이 죄라고 말하고 있는 경제적인 착취, 압제 혹은 가난한 자들을 착취하여 부를 축재하는 것 등과 같은 내용을 제거해버린 것이다."[6] 종교적이고 개인적인 죄는 죄의 일부분에 불과하다. 성경은 개인적인 차원을 넘어서 사회적이고 구조적인 죄에 대해서도 많이 지적하고 있다.

사회에는 사람들이 많아지면서 인간의 삶을 지배하고 영향을 행사하는 거대한 구조가 형성되었다. 이것을 그렌즈는 "인간 실존의 구조들"이라고 부른다.[7] 가족이나 씨족 제도, 국가제도, 교육제도, 인도 힌두교의 카스트제도에 기초한 사회질서, 우리나라의 유교적 가부장제도, 제사제도, 19-20세기 미국의 노예제도, 자본주의 경제제도, 아프리카 부족의 결혼지참금제도와 여성할례 제도 이 구조들은 인간이 만들어 낸 것이다. 사회를 형성하면서 다양한 필요에 따라 하나씩 만들어진 것이다. 그러나 이제 이 구조들이 너무 커져서 인간의 통제를 넘어서게 되었다. 그래서 오히려 구조들이 인간을 통제하는 지경에까지 이르렀다. 이제 그것들은 역으로 인간의 선택에 막강한 영향력을 행사하고 있다.

문제는 세상에 들어온 죄가 개인들의 삶뿐만 아니라 사회의 구조들에도 영향을 미친다는 점이다. 죄는 자기 영역을 확대하여 이 세상에 존재하는 모든 것개인, 관계, 사회질서에 영향력을 발휘하게 되었다. 그래서 죄의 영향력이 미치지 않은 곳이 없게 되었다. 이것이 전적 타락total depravity의 한 측면이다. 죄는 개인뿐만 아니라 관습, 전통, 사고방식 및 제도, 사회구조들에도 스며들었다.

때로는 악한 권력자들이 다른 사람들을 억압하기 위해 사회제도를 만들 때가 있다. 카스트제도, 노예제도, 가부장제도 또한 원래는 좋은 의도로 만들어진 것이 점차 인간을 착취하는 것으로 악화되는 경우도 있다. 정치제도는 질서유지를 위한 좋은 기

---

6) 스티븐 모트, 『복음과 새로운 사회』 이문장 역 (대전: 대장간, 1992), 38.

7) 스탠리 그렌즈, 『조직신학』 신옥수 역 (서울: 크리스찬다이제스트, 2003), 342.

능을 할 수 있지만, 그것이 권력자들의 이익을 위한 도구로 악용될 때가 많다. 자본주의 경제체제도 경제를 효율적으로 돌아가게 하기 위한 제도로 출발했지만 탐욕에 눈 먼 자본가들이 불공평한 경쟁을 제도화하거나, 부당행위를 묵인하고 방조하는 방식을 고착화시키고, 자본가의 사회적 책임을 무시하기도 한다. 이렇게 하면서 제도의 이름으로 차별을 정당화한다. 제도들이 악용되는 것이다. 이렇게 고착된 잘못된 제도는 그 속에서 살아가는 사람들을 교육하는 기능까지 담당한다. 그래서 그 체제 속에서 태어나서 자란 사람들은 그 체제가 돌아가는 방식이 '선한 것' 혹은 최소한 '중립적인 것'이라고 배우고 내면화하게 된다. 카스트제도, 노예제도, 가부장제도, 천민자본주의제도, 환경을 파괴하는 개발만능주의, 빈부격차를 당연하게 여기는 무한경쟁주의 등, 이 모든 제도들이 권력자들에 의해서 그 사회 구성원들에게 내면화된다. 그래서 그런 모습이 당연한 것이라고 생각하게 된다. 전혀 문제의식을 못 느끼는 것이다.

사탄은 이렇게 사회 구조와 제도를 이용한다. 그래서 인간을 구조의 노예로 만들어버린다. 인간 사회를 평화가 아니라 탐욕과 착취와 싸움으로 변질시킨다. 욕심의 극대화를 조장해서 공동체를 파괴한다. 그렇게 함으로 인간 세상을 향한 하나님의 계획을 좌절시키려고 한다. 이런 악의 세력을 성경은 세상의 "통치자, 권세자, 지배자"들이라고 한다. 엡6:12, 골2:15, 딤전4:1

죄의 사회구조적 차원을 누구보다 확실하게 지적한 사람들이 선지자들이었다. 그들은 개인의 죄뿐만 아니라 잘못된 사회질서와 제도에 대해서도 지적하였고, 그 속에서 이익을 보고 있는 사람들을 비판하면서 회개하라고 촉구하였다. 그들은 부자가 집이나 땅을 지나치게 많이 소유하는 것을 공격하였다. 사 5:8 그것이 합법적으로 이루어지는 것일지라도 생산수단과 주거공간의 편중은 결국 다른 사람의 생존 권리를 박탈하는 것과 마찬가지이기 때문이다. 그것은 빈곤을 구조화하고, 사회의 공동체성을 파괴하는 악을 유발한다. 아모스 선지자는 부당한 세금 정책을 비판한다. "너희가 힘없는 자를 밟고 그에게서 밀의 부당한 세를 거두었은즉"암5:11. 세금을 거두는 것이 합법적이라도 세법 자체가 부당한 것일 수 있다는 점을 지적하는 것이다. 힘 있는 자가 자신들에게 유리한 방향으로 세금 정책을 세웠기 때문이다. 압제를 법제화해서 권력자들과 그들의 추종자들만 이익을 누리는 것에 대해서도 선지자들은 비판한다. "불의한 법을 공포하고, 양민을 괴롭히는 법령을 제정하는 자들아, 너희에게 재앙이 닥친다! 가난한 자들의 소송을 외면하고, 불쌍한 나의 백성에게서 권리를 박탈하며, 과부들을 노략하고, 고아들을 약탈하였다."사10:1-2

그러므로 우리가 개인적인 죄만을 강조하면 성경이 죄라고 말하고 있는 사회적인 불평등과 억압, 정치적인 박해, 경제적인 불공평, 가난한 자들을 착취하여 부를 축재하는 것과 같은 내용을 죄의 목록에서 제거해버리게 된다. 이것은 성경의 왜곡이요, 죄의 개념에 대한 변질이다. 개인적인 죄만 강조하고 사회적이고 구조적인 죄에 대해서는 침묵하는 것이 한국교회가 지금까지 가르쳐왔던 죄에 대한 신학이다. 이렇게 죄에 대해 왜곡된 인식을 가지게 되면, 세상의 문제를 전적으로 개인적인 문제로만 보면서 사회구조적 모순은 전혀 인식하지 못하게 된다. 그 결과 가난의 문제도 개인의 문제로만 파악하고, 평화도 개인 사이의 관계로만 이해하며, 정의도 범죄를 저지른 자를 처벌하는 응보적 정의만 생각하면서 사회적 차원의 공평함이나 구조적으로 기울어진 운동장을 교정해야 한다는 관점에서 보지 못하게 된다.

결국 한국 보수 기독교인들의 죄에 대한 신학은 보수주의자들의 사회인식과 너무나 닮아 있다. 그들은 성공의 책임도 개인의 능력 덕분이고, 실패의 책임은 개인의 무능력 때문이라고 생각한다. 그들은 개인의 성공과 실패 뒤에 자리 잡고 있는 구조적인 모순에 대해서는 침묵한다. 그것을 지적하면 반체제적이고 사회를 전복하려는 빨갱이라고 몰아붙인다. 결국 개인적인 죄 신학을 가진 한국 교회가 사회적인 보수주의와 찰떡궁합을 자랑하는 것은 필연적인 일이다.

6) 보수적 교회관

교회의 주인은 예수 그리스도다. 기독교인은 누구나 이 사실을 잘 알고 있다. 그러나 예수 그리스도는 지금 우리 눈에 보이지 않고, 그가 교회의 주인이라는 사실이 실제적으로 교회 운영이나 의사결정에 어떻게 반영되어야 하는지 불확실하다. 이런 상황에서 예수의 대리자로 나서는 사람들이 목회자들이다. 한국의 보수 교회는 목사가 마치 구약의 제사장과 같은 존재이며, 하나님의 대리자로 교회를 이끌어 간다고 생각한다. 그 결과 교회의 명목상의 주인은 예수 그리스도이지만, 실질적인 주인 역할을 목사가 맡는 것을 자연스럽게 여긴다. 그렇기 때문에 민주적 교회 운영을 요구하면 교회의 운영원리는 민주주의가 아니라 신본주의라고 주장하는 것이다. 원리상으로는 맞는 말일 수 있다. 하나님의 뜻에 의해 움직여야 하는 것이 교회이기 때문이다. 그러나 지금 하나님이 모든 교회에 직접적으로 말씀하시는 것이 아니기 때문에 하나님의 뜻을 누가 어떻게 분별할 것인가 하는 실제적인 문제가 발생한다. 그 자리를 차지하는 자가 바로 목사인 것이다. 그래서 많은 교회들, 특히 교회가 점점 더 커질수록 목사의 권위가 높아지면서 목사의 권력 또한 막강해지는 것이다. 결국 교회 내에서 민주적인 의사결정이나 소통의 모습은 사라지게 된다.

다른 한편으로, 많은 보수 교회는 여전히 남자와 여자의 역할에 대해 보수적으로 해석하면서 교회 내에서 여성 차별을 제도화하고 있다. 또한 교회에 고용된 사람들**부목사, 전도사, 사무원, 관리인** 에 대해서도 충성과 봉사의 신앙심을 강조하면서 노동자로서의 권리는 인정해주지 않는 상황이다.

외부에서 볼 때 교회는 매우 권위적이고, 반민주적이고, 반인권적인 집단으로 비친다. 그러나 교회 내부의 입장에서 볼 때, 특히 목사의 눈으로 볼 때는 교회의 이런 행태는 성경적으로 보인다. 오히려 교회 외부에서 벌어지고 있는 민주화에 대한 요구나 인권 신장에 대한 노력들을 교회에 위협적인 것으로 느끼게 된다. 사회의 진보적 흐름에 대해 적어도 적대적이지는 않더라도 그것이 교회 내부에 영향을 주는 것을 두려워하면서 경계하는 마음이 생기는 것이다. 그래서 교회가 안정을 유지하고 전통?을 지키기 위해서는 사회도 급격한 변화보다는 보수적인 모습으로 머무는 것이 도움이 될 것이라고 생각하게 된다. 실제로 교회의 이런 우려가 현실화되고 있는 것이 작금의 현상이다. 목사의 권위주의를 버리고 민주적으로 교회를 운영하도록 요구하고, 교회 내 여성의 인권을 높여야 한다고 주장하고, 교회의 일꾼들도 정당한 권리를 보장해주어야 한다는 목소리가 높아지고 있다.

이런 요구에 대항하여 보수적인 교회는 민주주의에 대한 요구는 신본주의를 거부하는 인본주의적 우상으로 간주하고, 인권에 대한 요구도 신권에 대한 도전이며 인간의 죄성을 부정하는 것으로 치부하면서 그런 것들은 신학적으로 잘못된 것이며 교회를 파괴하는 것이라고 가르치게 된다. 사회의 변화와 거꾸로 가는 모습을 보이는 것이다.

교회 내부가 이렇게 보수적 사상으로 가득 차 있는데 사회의 흐름에 대해서 진보적인 입장을 취하기가 쉽지 않다. 진보적 의제가 교회 내부로 침투해 들어와 교회의 안정성을 해칠 위험이 있다고 느끼기 때문이다. 이것은 무엇을 의미하는가? 교회는 내부적으로 보수적이고 전근대적인 요소가 많기 때문에 사회적으로도 자신들과 동일한 가치를 주장하는 보수적인 입장을 지지하는 것이 자연스럽다는 것이다. 권위주의 타파와 민주주의에 대한 요구, 남녀 차별 철폐와 인권의 신장, 그리고 노동자의 권리 보장과 같은 진보적인 의제들을 주장하는 사람들은 잠재적으로 교회를 세속화시키는 적대적인 세력으로 인식하게 된다. 그런 사람들에 대항하면서 교회 내부를 단속하고, 밖으로는 그런 세력이 더 힘을 얻지 못하도록 보수 세력에 힘을 실어주는 모양으로 행동하게 되는 것이다. 한국 교회가 보수적인 모습을 띨 수밖에 없는 또 하나의 이유다.

7) 사회 윤리의 부재

한국의 보수 교회는 윤리적 삶에 대한 강조가 약하다. 그것은 왜곡된 구원관에서 기인한다.

18세기 무렵부터 계몽주의에 기초한 자유주의 신학이 대두하게 된다. 이들은 이성주의, 자율주의, 과학주의, 역사주의, 비평주의, 고등비평의 토대 위에서 하나님의 초월성과 성경의 초역사성을 제거하기 시작한다. 반면에, 이 땅의 일에 깊이 관여하시는 하나님의 내재성을 강조하면서 하나님의 나라를 역사적이고 윤리적인 사랑의 사회로서 강조한다. 그들은 기독교의 신조들을 현대적 지식의 빛 안에서 재구성하는 작업에 심혈을 기울였는데, 그 결과 기독교를 계시 종교로부터 윤리 종교로, 하나님의 말씀 중심의 종교로부터 인간 중심의 합리적인 종교로 만들었다. 이들은 초월자 하나님에 대한 개인적인 신앙 고백과 영성적 삶에 대한 강조보다는 사회 속에서 책임 있는 자로 살아가는 것을 더 강조한다. 즉 수직적 측면보다 수평적 측면을 강조하는 것이다. 이로부터 다양한 사회참여와 정치참여의 신학이 발전되어 나왔다. 라우센부쉬의 사회복음, 본 회퍼의 사회 참여 신학, 몰트만의 정치 신학, 남미의 해방신학, 흑인신학, 여성신학, 민중신학, 등등.

그러나 보수주의자들은 자유주의의 득세에 긴장하기 시작했다. 그들의 주장은 2천년간 이어져 온 신앙의 근간을 흔드는 것이고 반신앙적인 행태로 여겨졌던 것이다. 그래서 "Fundamentals"라는 소책자를 발간하는 등 자유주의자들과의 대격돌을 마다하지 않았다. 그런데 성경관과 근본적인 교리를 둘러싼 싸움은 보수주의자들로 하여금 자유주의자들의 다른 주장까지도 의심하게 만드는 부작용을 초래했다. 즉, 자유주의자들의 내재성 강조와 윤리에 대한 강조에 대해서도 못마땅하게 여기는 것으로 연결되어 나간 것이다.[8] 보수주의자들은 자유주의자들이 사회윤리를 강조하는 것이 성경의 무오성과 근본적인 교리들을 부정하는 것과 관련이 있다고 의심하면서 그 반작용으로 사회윤리에 대해 부정적인 인식을 갖게 되었다. 가뜩이나 개인윤리만 강조하던 경향이 심했던 보수주의자들은 사회윤리에 대해 더 알레르기적인 반응을 보이게 된 것이다. 정의로운 경제 시스템의 구축, 빈곤층을 위한 복지제도, 평화를 위한 활동, 각종 차별의 철폐로 인권 신장, 자연환경의 존중과 같은 구조적이고 적극적이고 사회적인 윤리는 영혼의 구원이 아니라 사회를 구원하려는 시도로 인식된다. 즉 '사회복음'을 위한 시도로 의심하는 것이다.

　　사회윤리적인 이슈들빈곤, 복지, 경제민주화, 평화, 인권, 생태은 사회에서 주로 진보주의자들이 제기하는 의제들이다. 반면에 보수주의자들은 사회정의에 대해서 거의 강조를 하지 않고 언급도 하지 않는다. 그것들을 강조하는 것은 개인의 자유를 침해하고 자유로운 경제활동을 방해하는 것으로 여기기 때문이다. 이것은 보수적인 교회들이 왜 사회에서도 보수주의자들로 나타나고 왜 보수주의자들과 손을 잡게 되는지, 그 신학적이고 신앙적인 이유를 잘 보여준다.

4. 세속화

한국교회가 보수화의 길로 간 세 번째 요인은 세속화다.

　　한국교회는 기독교 역사에서 유래를 찾아보기 힘든 대부흥을 이뤘다. 기독교인들은 폭발적인 부흥을 하나님의 축복의 결과라고 생각한다. 그러나 한국 교회의 양적 성장이 진정한 교회의 성장이라고 단정내리기는 어렵다. 왜냐하면 교인수의 성

---

8) 나이젤 캐머런, 『급변하는 세계 속의 기독교윤리(상)』 (서울: 횃불, 1996), 23-33.

장은 그 이면에 어두운 그림자를 드리우기 때문이다.

　한국교회의 성장을 좀 더 자세히 들여다보면, 두 가지 현상을 발견할 수 있다. 첫째, 1970-80년대에 진보적 교회와 보수적 교회의 성장률이 현격하게 차이가 난다는 점이다. WCC 가입 문제로 장로교단이 분열된 이후 일반적으로 KNCC에 가입된 교단은 진보적이고 반대한 교단을 보수적 교단으로 여긴다. 1970년대에 진보 교단은 연평균 9.55%의 성장률을 보인 반면, 보수 교단은 25.66%를 보여주었다.[9] 그 결과 1970년대까지는 진보교단의 교세가 더 컸지만, 1980년대 이후로 역전되었고, 그 격차는 점차 더 벌어지고 있다. 왜 이런 차이가 발생했을까? 정재영 교수는 국가의 경제개발 일변도 전략으로 인해 한국인들에게 경제적 성공이 가장 큰 목표가 된 상황에서 종교도 그런 욕구를 채워줄 수 있는 곳을 찾는 성향이 생겼다고 분석한다. 바로 이 점에서 보수 교회들이 훨씬 잘 반응한 것이다. 진보적인 교회들이 사회정의와 민주화에 힘을 쏟는 동안 보수 교회들은 경제적 성공, 건강, 가족의 평안과 같은 개인적이고 가족적인 욕구를 채워주는데 힘을 기울이면서 수많은 사람들을 끌어들일 수 있었다.[10]

　둘째, 교세의 역전에 충격을 받은 진보적 교회는 독재 시대가 막을 내리고 민주화라는 의제가 사라지는 것과 더불어 어쩔 수 없이 개인의 욕구를 채워주는 쪽으로 방향을 전환해야 하는 압박을 받게 된다. 그 결과 보수적 교회의 전략을 수용하면서 보수화의 길로 동참하게 된다. 이제 한국 교회 상황에서 진보적이라고 할 수 있는 교회나 교단은 소수로 전락했다. 교회 성장이라는 벽 앞에서 교회는 빠르게 세속화의 길을 채택할 수밖에 없었던 것이다. 교회가 개인주의와 가족주의의 욕구를 중심으로 움직이면서 변혁적이고 현실 초월적인 모습을 상실하고 체제에 순응하는 보수

---

9) 정재영, "세속화와 한국 교회의 성장," 『현대 한국사회와 기독교』 박영신, 정재영 (서울: 한들출판사, 2006), 210.
10) Ibid., 219-20.

적 성향을 띠게 된다.

이렇게 세속화 전략을 통해 부흥을 이루어낸 교회에는 교인수가 많아짐에 따라 돈도 모이게 된다. 현대 자본주의 사회에서 돈은 곧 힘이다. 이것은 교회에도 그대로 적용되어서 돈이 많아진 교회는 세상에서 권력이 생기게 된다. 세상의 권력자들이 교회로 모여들기 때문이기도 하고, 교회 자체가 파워집단이 되기 때문이기도 하다. 이렇게 권력집단으로 변한 교회는 더욱 권력의 확대를 꾀하고, 한번 쥔 권력을 빼앗기지 않으려고 사회의 변화를 싫어하는 기득권 세력으로 변하게 되고, 이것은 필연적으로 보수화를 초래한다. 교회 성장 전략과 더불어서 돈과 권력의 생성은 한국교회를 보수화의 길로 몰아가는 주요한 원인이 되었다.

일제시대와 이승만 정부 시절에 사회의 상층부에 많은 기독교인이 포진하고 있었지만, 전체 신자수가 적었기 때문에 사회 전반적으로 주도권을 행사하기에는 한계가 있었다. 그러나 1970년대 이후 교인수가 폭발적으로 증가하면서 기독교는 실질적으로 우리 사회에서 주도적인 종교가 되었고, 사회에 미치는 영향력 역시 커졌다. 우리는 이런 현상을 여러 방면에서 목도해왔다. 1992년 김영삼 장로, 2007년 이명박 장로를 대통령으로 당선시키려는 교회의 노력이 결실을 맺었고, 그 과정에서 한기총 대표 회장은 한기총이 대선 후보를 검증하겠다며 기염을 토했다. 자신감을 얻은 목사와 장로들은 기독교 세력이 정권을 잡아야 한다고 주장하면서 몇 차례에 걸쳐서 기독교 정당을 설립하고 선거에 도전하기도 했다. 위상이 달라진 교회를 향해 국회의원 후보자들은 표를 구걸하러 교회를 방문한다. 교회는 목회자에게 과세하려는 정부의 시도를 번번이 좌절시키고, 사립학교법 개정에 극렬하게 반대하여 재개정을 이끌어냈다. 이제 한국의 기독교는 변방의 작은 종교가 아니라 한국 사회 중심부에서 권력을 휘두르는 막강한 세력이 되었다. 이 사실을 정확하게 파악한 이들이 바로 보수 정치 세력이었다. 광장을 진보세력에게 내어주었던 보수 세력은 각종 사회적 이

슈가 발생할 때마다 교회를 앞세워 보수적 집회를 끌어갔다. 진보세력에 비해서 인력 동원에서 열세였던 보수 세력에게 대형교회는 든든한 후원군이었다.

어떤 종교든 세력이 커지면 예외 없이 권력의 길을 가게 된다. 교인수가 늘어나면서 목사의 숫자가 늘어나고, 교회 숫자도 급속도로 늘어나게 된다. 더욱이 목회자와 교회의 증가가 교인수의 증가를 추월하게 되면서 교회 성장을 위한 치열한 경쟁이 벌어진다. 교회성장주의는 기복 신앙을 더욱 촉진하게 된다. 교회가 마치 욕구를 충족시켜주는 물건을 파는 상점으로 변하는 것이다. 성공, 출세, 부유함, 건강, 야망의 실현, 가족이기주의, 편안한 삶, 물질주의, 과시 욕구 등은 이제 세상 사람들의 특징이 아니라 교회 내 익숙한 풍경이 되었다. 교회마다 특별새벽기도회라는 이름으로 기복신앙을 부추기고, 축복 대성회라는 이름으로 욕구 충족을 내세우며, 수험생을 위한 기도회를 통해 정화수 기도를 현대적으로 부활시켰다. 교회와 무당집이 차이가 없게 되었고, 교인들과 점집을 드나드는 사람들이 매한가지가 되었다. 모두 현실적 이익을 중심으로 움직인다는 점에서 동일한 것이다. 이것은 교회가 거룩한 자로서의 다름을 상실하고 세속화되었다는 것을 의미한다. 이렇게 되면서 교회는 이 세상에서 나그네로 살아가는 신자가 아니라 이 세상의 좋은 것들을 누리려는 정착민들을 양산한다. 그 결과 신자와 더불어 교회는 현세적인 이익을 추구하는 집단으로 전락하게 된다. 권력과 돈을 손에 쥐고, 그것들을 유지하고 더 확장하려고 하는 세력은 보수주의자의 길을 걷게 된다. 보수주의란 속성상 사회의 변화보다 안정을 원하는 사상이기 때문이다.

결론적으로, 기복신앙으로 대표되는 교회의 세속화는 교회를 보수적인 집단으로 이끌어갔고, 세상 속에서도 보수주의자들의 동지가 되게 만들었다. 추구하는 이익이 같고 목표가 같기 때문이다.

5. 보수화의 결과

반공주의와 경제주의 이데올로기에 사로잡혀 보수주의자들과 손을 잡은 한국교회, 하나님나라 신학의 총체성을 인식하지 못하고 신학적 균형을 상실하면서 보수주의적 가치관을 맹목적으로 추종하게 된 한국교회, 세속화된 사람들의 욕구 충족을 목표로 삼고 그런 사람들을 교회로 더 많이 끌어들이는 것을 지상 목표로 설정한 한국교회는 필연적으로 보수화의 길로 나아가게 된다. 이런 이유로 보수화된 한국교회는 결국 부정적인 결과를 낳게 된다.

1) 첫째, 한국교회의 보수화는 교회 타락의 원인이다.

한국교회 보수화는 세속화, 권력화, 물질주의화와 앞서거니 뒤서거니 하면서 진행되었다. 이것은 필연적으로 한국 기독교의 기복신앙화를 초래한다. 경제적 풍요와 건강, 그리고 안정된 삶이 최우선 가치가 되는 것, 그것이 바로 기복신앙이다. 그러나 이런 가치들은 성경에서 끊임없이 경고하는 위험 요인들이다. 그것은 하나님과 돈을 동시에 섬기려는 욕구이며, 혼합주의적 시도다. 맘몬과 권력의 신을 섬기면서 하나님의 가치는 뒷전으로 밀려나게 된다. 섬기는 십자가의 제자도는 더 많은 권력을 쥐고 교회의 이익을 도모하는 것에 밀려나게 되고, 하나님의 정의, 평화, 공평, 약자보호와 같은 가치들은 경제환원주의에 자리를 내어주게 된다. 이것은 우상숭배와 다를 바 없다. 우상의 본질이 무엇인가? '위치전복'이다. 우리 삶에 중요한 어떤 것이라도 자신의 위치를 떠나 더 높은 자리를 차지할 때 우상이 된다. 경제가 중요하다. 먹고 사는 문제는 중요하다. 그러나 그것이 다른 모든 것 위에 설만큼 중요한 것은 아니다. 그래서 예수님은 하나님과 맘몬 두 주인을 섬길 수 없다고 말씀하신 것이고, 돈을 사랑하는 것이 모든 악의 근원이라고 말씀하신 것이다.

보수주의는 현실주의와 맞닿아 있다. 이상이 밥을 먹여주지 않는다고 생각하면서 현실의 이익을 최고의 가치로 여긴다. 한국교회가 교인수를 늘리고, 돈을 더 끌어모으고, 세상에서 더 많은 권력을 쥐려고 할 때 그들은 철저한 현실주의를 선택한 것이다. 그 결과 하나님나라의 이상은 뒤로 밀려난다. 호화 예배당 건립, 목사들의 재정 비리, 교회 세습, 부정부패에 연루되어 지탄받는 장로들의 양산과 같은 온갖 폐해들은 교회의 세속화, 그리고 보수화의 필연적인 결과들이다.

2) 둘째, 한국교회의 보수화는 기독교 쇠퇴의 원인이다.

교회가 세상에서 성공하고, 부유해지고, 권력을 행사하려고 결심하는 순간 이기적인 존재가 되어버린다. 그 목적을 달성하기 위해서는 내 것을 내어주기보다 더 끌어 모아야 하고, 다른 사람들이나 집단과 경쟁해야 하고, 도움이 된다면 다른 권력 집단과 손을 잡아야 한다. 한국 사회는 지금 교회와 기독교인들을 이기적인 집단, 세속적이고 물질적이고 권력지향적인 집단으로 보고 있다.

기독교윤리실천운동(기윤실)이 만19세 이상 남녀 1,000명을 대상으로 조사한 '2013 한국교회의 사회적 신뢰도 여론조사' 결과 기독교(개신교)를 신뢰한다는 응답은 19.4%에 그쳤다. 반면 신뢰하지 않는다는 응답은 44.6%에 이르렀다. 불교사회연구소의 2015년 10월 조사에서도, 천주교의 신뢰도가 39.8%로 가장 높았고, 불교는 32.8%, 개신교는 10.2%로 나타났다. 이런 현상은 10여 년 동안 지속되고 있으며, 개신교에 대한 신뢰도는 지속적으로 하락하고 있다.

그러나 한국 교회는 여전히 보수적 행보를 가속화하면서 일반 국민들의 의식과 동떨어진 행보를 보이고 있다. 불교사회연구소의 또 다른 조사에 의하면 한국사회가 시급히 해결해야 할 과제 1위는 2014년 44.3%에 이어 2015년에도 42.8%가 '빈부격차의 해소'를 꼽았고, 또한 한국사회에서 가장 소중한 가치로도 '공평/평등'이 1위로

꼽혔다. 24.3% 그러나 한국 교회는 여전히 자기 이익을 위해 권력지향적이고 물질적인 행보를 포기하지 않으면서 점점 국민들의 정서와 멀어지고 있다. 이런 소외와 반감 현상의 귀결은 무엇인가? 우리가 목도하고 있듯이 신자가 감소하고 개신교에 대한 호감도가 하락하는 것이다. 선교의 문이 막히고 있고, 교인들에게도 환멸을 느끼게 하여 교회 밖으로 밀어내고 있다. 선교를 해야 할 주체가 선교의 장애물로 전락한 것이다. 한 때 세속화와 보수화로 성장의 달콤한 열매를 맛보았던 한국 교회는 이제 그 열매의 끝부분에서 나오는 독을 마시고 있는 것이다.

6. 나가면서

한국 교회는 수십 년 동안 반공과 경제주의 이데올로기를 무비판적으로 받아들이고, 잘못된 신학을 통해 개인적이고 권위주의적이고 현실주의적인 신앙 행태를 따르고, 이 땅에서의 성공을 위해 세속화의 흐름과 손을 잡으면서 보수화의 길을 걸어왔다. 이제는 한국 교회 내에서 이런 경향을 막거나 되돌릴 세력은 찾아보기 어렵게 되었다. 그러나 이 흐름을 돌리지 않으면 한국교회의 쇠락은 막을 수 없을 것이다.

지금 우리 사회는 양극화로 극심한 고통에 시달리고 있고, '헬조선'의 외침이 한반도 곳곳에서 반향을 일으키고 있다. 무한 경쟁 교육 속에서 비전을 상실한 청소년, 대학을 나와도 일할 곳도 없고 그나마 주어지는 기회는 비정규직 자리밖에 없는 청년, 고용-유연화로 조기 은퇴로 내몰리지만 재취업의 기회는 박탈당한 장년, 늘어난 수명이 축복이 아니라 생계에 대한 걱정이 더 큰 부담으로 다가오는 노년. 이것이 어떻게 보수주의자들이 주장하듯이 보존하고 지켜야 하는 사회요 체제이며, 매우 '점진적'으로 천천히 개선해야 할 모습들이며, 단순히 경제를 살리자는 구호 하나만으로 버텨야 하는 상황인가? 지금 한국사회는 급격한 변화를 요청하고 있다. 사회 전반적으로 대수술이 필요한 상황이다. 한국교회가 이런 아우성 소리에 귀를 막고 자신이 확보한 권력과 돈에 심취하면서 보수주의적 행보를 이어간다면 땅에 떨어진 신뢰를 회복할 길은 요원하다.

한국 사회의 극심한 고통의 현장 속에서 한국교회가 방향을 제대로 찾지 못하고 있다는 것이 한쪽의 문제라면, 또 다른 쪽의 문제는 한국교회가 이데올로기를 맹목적으로 추종하고, 세속화의 흐름에 올라타서 질주를 즐기느라 성경의 핵심 가치들을 놓쳐버리고 있다는 사실이다. 한국 교회는 다시 성경으로 돌아가야 한다. 그 말은, 성경이 중요하게 여기는 것을 중요하게 여기고, 성경이 강조하는 것을 동등하게 강조해야 한다는 뜻이다. 성경의 핵심 메시지를 살피고, 성경을 겸손하게 연구한 결실인 신학의 목소리에 귀를 기울이면서 하나님이 원하시는 사회의 모습과 그 사회를 지탱해야 하는 가치들이 무엇인지 재발견해야 한다. 그리고 그 하나님의 가치들로 세상의 이데올로기와 세속화의 흐름을 판단해야 한다. 그렇게 할 때 이익을 이유로 '벨리알과 짝하여' 결합했던 진영논리에서 벗어날 수 있고, 세속적 욕심을 벗어버리는 해방이 일어날 수 있다. 이것이 한국교회가 회복되는 길이며, 한국사회의 기대를 충족할 수 있는 방안이고, 교회에 등을 돌렸던 수많은 사람들을 다시 돌려세울 수 있는 열쇠다.

저자 프로필(실린 순서)

김근주
- 장로회신학대학교 신학대학원
  (M.Div., Th.M.)
- 영국 옥스퍼드대학교 (D.Phil.)
- 현)기독연구원느헤미야 전임연구위원
- 현)희년함께 지도위원

배덕만
- 서울신학대학교 신학대학원 (M.Div.)
- 미국 예일대학교 (S.T.M.)
- 미국 드류대학교 (Ph.D.)
- 현)기독연구원느헤미야 전임연구위원
- 현)주사랑교회 협동목사

변상욱
- 고려대학교 사회학과
- CBS 대기자

김형원
- 총신대학교 신학대학원 (M.Div.)
- 미국 고든콘웰신학대학원 (Th.M.)
- 미국 보스턴 대학교
- 미국 트리니티복음주의신학대학원(Ph.D.)
- 현)하.나.의.교회 담임목사
- 현)월간 복음과상황 발행인
- 현)성서한국 이사장